Sprachniveau
B1⁺

D1699677

Anne Buscha ◆ Szilvia Szita

Begegnungen
Deutsch als Fremdsprache

Glossar
Englisch – Französisch – Spanisch

Sprachniveau B1⁺

Englische Übersetzung: Eszter Szabo
Französische Übersetzung: Eszter Szabo
Spanische Übersetzung: Alejandro Flores Jiménez

SCHUBERT-Verlag
Leipzig

Die Autorinnen von **Begegnungen** sind Lehrerinnen am
Goethe-Institut Niederlande und verfügen über langjährige
Erfahrungen in Deutschkursen für fremdsprachige Lerner.

Bitte beachten Sie unser Internet-Angebot mit zusätzlichen
Aufgaben und Übungen zum Lehrwerk unter:

www.begegnungen-deutsch.de

Satz: Diana Becker

5.	4.	3.	2.	1.	Die letzten Ziffern bezeichnen Zahl
2012	11	10	09	08	und Jahr des Druckes.

Alle Drucke dieser Auflage können, da unverändert,
nebeneinander benutzt werden.

© SCHUBERT-Verlag, Leipzig
  1. Auflage 2008
  Alle Rechte vorbehalten
  Printed in Germany
  ISBN: 978-3-929526-94-3

Inhaltsverzeichnis

Grammatikalische Fachbegriffe	Grammar terms
das **Demonstrativpronomen**, -	demonstrative pronoun
die **Finalangabe**, -n	prepositional phrase indicating a purpose
der **Finalsatz**, "e	final clause
das **Genitivattribut**, -e	genitive attribute
der **Genus**, die Genera	gender
die **Infinitivgruppe**, -n	infinitive group
der **Infinitivsatz**	infinitive phrase
die **Konzessivangabe**, -n	prepositional phrase expressing concession
der **Numerus**, die Numeri	number
das **Partizip**, -ien	participle
das **Prädikat**, -e	predicate
das **Pronominaladverb**, -ien	pronominal adverb
das **Satzzeichen**, -	punctuation mark
die **sinngerichtete Infinitivkonstruktion**, -en	final clause with infinitive
das **Substantiv**, -e	substantive
das **Vollverb**, -en	main verb

Kapitel 1: Teile A, C und D

Chapter 1: Parts A, C and D

abgeben [er gibt ab, er gab ab, er hat abgegeben] + A	to hand in, to deliver sth
die Diplomarbeit abgeben	to hand in the diploma thesis
abbilden [er bildete ab, er hat abgebildet] + A	to copy, reproduce sth
ein Gemälde abbilden	to reproduce a picture
abhören [er hörte ab, er hat abgehört] + A	to wiretap sb, to spy on sb
Menschen abhören	to spy on people
der **Ablauf**, "e	course of events
zeitliche Abläufe	chronological course of events
der **Absatzmarkt**, "e	outlet
absolut	absolute
Das ist absolut nicht notwendig.	This is absolutely not necessary.
abstrakt	abstract
abstrakte Bilder	abstract pictures
die **Abteilungsbesprechung**, -en	department briefing
allerdings	however, indeed
der **Alltagsgegenstand**, "e	everyday object
anhängen [er hängt an, er hat angehängt] + A	here: to end on sth
Das Nomen hängt ein -t an.	The noun ends on a -t.
anregen [er regte an, er hat angeregt] + A	to inspire, to stimulate sb
Dieses Bild regt meine Fantasie an.	This picture stimulates my imagination.
ansprechen [er spricht an, er sprach an, er hat angesprochen] + A	to appeal to sb
Das Bild spricht mich an.	This picture appeals to me.
anwesend	present
das **Aquarell**, -e	watercolor
ästhetisieren [er ästhetisierte, er hat ästhetisiert] + A	to make sth attractive
Alltagsgegenstände ästhetisieren	to make everyday objects more attractive

Termes grammaticaux	Conceptos gramaticales

pronom démonstratif	pronombre demostrativo
complément circonstanciel de but	complemento circunstancial de finalidad
phrase/subordonnée finale	frase subordinada final
complément du génitif	complemento genitivo
genre	género
groupe infinitif	grupo de infinitvo
phrase avec zu + infinitif	frase de infinitvo
complément circonstanciel de concession	concesiva; prop. subordinada adverbial concesiva
nombre	número
participe	participio
prédicat	predicado
adverbe pronominal	adverbio pronominal
signe de ponctuation	signo de puntuación
groupe prépositionnel introduit par um	grupo infinitivo introducido por um
nom	substantivo
verbe principal	verbo principal

Chapitre 1 : Partie A, C et D	Capítulo 1: Partes A, C y D

remettre, transmettre qqch	entregar, transmitir algo
remettre son mémoire de fin d'études	entregar el proyecto fin de carrera
reproduire qqch	reproducir (algo)
reproduire une peinture	reproducir una pintura
écouter, espionner qqch/qqn	escuchar, espiar (algo)
espionner les gens	espiar a la gente
processus	proceso
des processus temporels	procesos temporales
marché	mercado de consumo
absolu	absoluto, absolutamente
Ce n'est absolument pas nécessaire.	Esto no es necesario en absoluto.
abstrait	abstracto
des images abstraites	imágenes abstractas
réunion de département	reunión de departamento
cependant	no obstante
objet quotidien	objeto cotidiano
ajouter qqch à qqch	añadir (algo) a (algo)
Le nom se termine en -t.	El nombre lleva una -t añadida.
stimuler qqch/qqn	estimular (algo)
Cette image stimule mon imagination.	Esta imagen estimula mi fantasía.
parler à qqn	hablarle a alguien
L'image me parle.	Esta imagen me habla, me dice algo.
présent	presente
aquarelle	acuarela
embellir qqch	embellecer (algo)
embellir les objets quotidiens.	embellecer los objetos cotidianos

aufwachsen [er wächst auf, er wuchs auf, er ist aufgewachsen]	to grow up
Er wuchs in der DDR auf.	He grew up in the German Democratic Republic.
die **Auktion**, -en	auction
das **Autofahren**	(car) driving
das **Automobil**, -e	automobile
autonom	autonomous
außergewöhnlich	extraordinary
das **Bauwerk**, -e	building, construction
benennen [er benannte, er hat benannt] + A	to name sth
seine Vorlieben benennen	to name his preferences
beruhigen [er beruhigte, er hat beruhigt] + A	to calm, to soothe sth/sb
der **Berührungspunkt**, -e	point of contact
betreten [er betritt, er betrat, er hat betreten] + A	to enter sth
den Fahrstuhl betreten	to enter the elevator
die **Bewegung**, -en	movement
bildend-	here: visual, fine
bildende Künste	visual/fine arts
die **Bildhaukunst**	sculpture
die **Brauerei**, -en	brewery
brennen [er brannte, er hat gebrannt]	to burn
damit	with it, in order that
die **Dauerausstellung**, -en	permanent exhibition
dazuzählen [er zählte dazu, er hat dazugezählt] + A	to add, to take into account sth
die **DDR** (Deutsche Demokratische Republik)	GDR (German Democratic Republic)
demnächst	soon
das **Depot**, -s	depot
das **Design**	design
deshalb	therefore
deutlich	clear
dezent	unobtrusive, discreet
dezente Farben	discreet colors
diplomatisch	diplomatic
dreimonatig	three months long
dringend	urgent
durchschnittlich	average
durchschnittliches Einkommen	average income
der **DVD-Rekorder**, -	DVD recorder
echt	authentic, true
ein echtes Picasso-Bild	an authentic picture of Picasso
einschlafen [er schläft ein, er schlief ein, er ist eingeschlafen]	to fall asleep
einst	once
einzig	unique, only, exclusive
das einzige DDR-Museum	the only GDR museum
die **Elite**, -n	elite
empfinden [er empfand, er hat empfunden] als	to find sth
eine Tätigkeit als angenehm empfinden	to find an activity pleasant

grandir	crecer, criarse
Il a grandi en Allemagne de l'Est.	Él ha crecido en la RDA.
enchère	subasta
conduite en voiture	conducción de automóvil
automobile	automóvil
autonome	autónomo
extraordinaire	extraordinario
bâtiment, construction	construcción, obras
nommer qqch/qqn	nombrar (algo)
nommer ses préférences	nombrar sus preferencias
calmer, apaiser qqch/qqn	tranquilizar, calmar (algo)
point de contact	punto de contacto
entrer dans qqch	entrar (dentro de algo)
entrer dans l'ascenseur	entrar en el ascensor
mouvement	movimiento
plastique	plástico/a
arts plastiques	artes plásticas
(l'art de la) sculpture	escultura (arte)
brasserie	brasería
brûler	quemar
pour que, afin que	para que, con fin de
exposition permanente	exposición permanente
tenir compte de qqch	tener en cuenta que (en este caso)
République Démocratique Allemande	RDA (República Democrática Alemana)
prochainement	próximamente
dépôt	depósito
design	diseño
c'est pourquoi	por eso, por ello
clair	claro, claramente
décent, délicat	decente, delicado
des couleurs délicates	colores delicados
diplomatique	diplomático
de trois mois	trimestral
urgent	urgente
moyen	medio, promedio
revenu moyen	ingresos medios
enregistreur DVD, recorder	grabador de DVDs
vrai, original	verdadero
une peinture originale de Picasso	un cuadro de Picasso verdadero
s'endormir	dormirse
jadis	antaño, algún día
unique, seul	único
le seul musée sur la RDA	el único museo sobre la RDA
élite	élite
éprouver, trouver qqch	sentir, encontrar
trouver agréable une activité	encontrar una actividad agradable

die **Energietechnik**, -en	energy management
eng	narrow, tight
mit den Kollegen eng zusammenarbeiten	to have a close cooperation with colleagues
das **Epochenmuseum**, die Museen	epoch museum
erobern [er eroberte, er hat erobert] + A	to conquer sth/sb
Das Interesse an Kunst erobert auch die Hochschulen.	The interest in art also penetrates into the colleges.
erzielen [er erzielte, er hat erzielt] + A	to get, to obtain, to reach sth
einen Preis von 100 000 Dollar erzielen	to get a 10 000 dollar price
Erfolg erzielen	to obtain a success
die **Evolution**, -en	evolution
explodieren [er explodierte, er ist explodiert]	to explode
Die Preise explodieren.	The prices explode.
explodierend	exploding
explodierende Preise	exploding prices
die **Explosion**, -en	explosion
der **Fahrstuhl**, "e	elevator
der **Fahrstuhlknopf**, "e	elevator button
die **Fantasie**, -n	fantasy, imagination
die Fantasie anregen	to stimulate the imagination
der **Farbklecks**, -e	dab of paint
feststellen [er stellte fest, er hat festgestellt] + A	to state, to detect sth
die **Filmgeschichte**, -n	film history
fit	fit, fresh
Ich fühle mich fit.	I feel fresh.
der **Flügelaltar**, -e	winged altar
der **Funktionalismus**	functionalism
die **Galerie**, -n	gallery
der **Gang**, "e	hallway, passage
gebrauchen [er gebrauchte, er hat gebraucht] + A	to use sth/sb
die **Gebrauchskunst**	applied arts
gegenständlich	figurative, representational
gegenständliche Bilder	figurative pictures
gegenwärtig	current, present
das **Gehirn**, -e	brain
die **Geschäftsverhandlung**, -en	(business) negotiation
der **Gewinn**, -e	profit, gain
der **Handel**	trade
der **Hase**, -n	rabbit
der **Hausmeister**, -	concierge, caretaker
der **Herzschlag**, "e	heartbeat
hiermit	herewith
der **Historiker**, -	historian
das **Immunsystem**, -e	immune system
der **Impressionist**, -en	impressionist
das **Industriedesign**	industrial design
inner-	inner
die innere Uhr	the inner clock

technique de production d'énergie	técnica energética
étroit, serré	estrecho
coopérer étroitement avec les collègues	trabajar estrechamente con los colegas
musée d'époque	museo de la época
conquérir qqch	conquistar
L'intérêt dans les arts conquiert aussi univeristés techniques.	El interés por las artes conquista también las escuelas técnicas.
obtenir, réaliser qqch	obtener, ganar
gagner/obtenir un prix de 100 000 dollars	obtener un premio de 100000 Dólares
obtenir/remporter un succès	tener éxito
évolution	evolución
exploser	explotar
Les prix explosent.	Los precios explotan.
explosif	explosivo
des prix explosifs	precios explosivos
explosion	explosión
ascenseur	ascensor
bouton d'appel d'ascenseur	botón del ascensor
fantaisie	fantasía
stimuler la fantaisie	estimular la fantasía
tache de couleur	mancha de color
constater qqch	constatar
histoire du cinéma	historia del cine
en forme	en forma
Je me sens en forme.	Me siento en forma.
triptyque	tríptico
fonctionnalisme	funcionalismo
galerie	galería
couloir, passage	pasillo
employer, utiliser qqch	utilizar, emplear (algo)
arts appliqués	artes aplicadas
figuratif	figurativo
des tableaux figuratifs	imágenes figurativas
présent, actuel	presente, actual
cerveau	cerebro
négociation (d'affaire)	negociación (comercial)
gain, profit	ganancia
commerce	comercio
lièvre	liebre
concierge	conserje
battement cardiaque	latido del corazón
par la présente	por la presente
historien	historiador
système immunitaire	sistema inmunológico
impressionniste	impresionista
design industriel	diseño industrial
intérieur	interno, interior
horloge interne	reloj interno (biológico)

inspirieren [er inspirierte, er hat inspiriert] + A	to inspire sth/sb
inspirierend	inspiring
interessanterweise	interestingly
irgendwie	anyway, somehow
die **Jugend**	youth
die **Jugendliebe**, -n	early love, puppy love
der **Jugendstil**	Jugendstil, Art Nouveau
der **Klatsch**	gossip
die **Kombination**, -en	combination
das **Kommunikationsmedium**, die Medien	communication medium
die **Komposition**, -en	composition
die **Konferenz**, -en	conference
konservieren [er konservierte, er hat konserviert] + A	to conserve sth
sich **konzentrieren** [er konzentrierte sich, er hat sich konzentriert] auf + A	to concentrate, focus (on sth)
Ich kann mich nicht konzentrieren.	I am not able to concentrate.
Konzentrier dich auf dein Studium.	Focus on your studies.
das **Konzept**, -e	concept
neue Konzepte entwickeln	to develop new concepts
die **Kraft**, ⁻e	force, power
die **Krawatte**, -n	tie
kreativ	creative
künftig	future
der **Kunstfreund**, -e	art lover
das **Kunstgenre**, -s	genre, art form
der **Kunsthandel**	art trade
die **Kunsthochschule**, -n	art academy, college of art
die **Künstlersozialkasse**	Social Insurance for Artists and Publicists
der **Kunstmarkt**, ⁻e	art market
die **Kunstrichtung**, -en	style
die **Kunstwissenschaft**	science of art
kürzlich	recently, lately
das **Landesmuseum**, die Museen	National Museum, state Museum
sich **langweilen** [er langweilte sich, er hat sich gelangweilt]	to be bored
die **Lehrveranstaltung**, -en	course, lecture
leuchten [er leuchtete, er hat geleuchtet]	to shine, to flash
leuchtend	
leuchtende Farben	glowing colors
losfahren [er fährt los, er fuhr los, er ist losgefahren]	to leave
die **Luft**, ⁻e	air
der **Luxus**	luxury
die **Masse**, -n	mass
das **Massenmedium**, die Medien	mass medium
das **Medium**, die Medien	medium
die **Menge**, -n	mass, a lot
eine Menge Zeit sparen	to save a lot of time
das **Metall**, -e	metal

Chapitre 1   Capítulo 1

inspirer qqn	inspirar (algo)
inspirant	inspirador
curieusement	curiosamente
d'une manière ou d'une autre	de alguna manera
jeunesse	juventud
amour de jeunesse	amor de juventud
Art Nouveau	Modernismo
commérage	chismorreo
combinaison	combinación
médium de communication	medio de comunicación
composition	composición
conférence	conferencia
conserver qqch	conservar (algo)
se concentrer sur qqch	concentrarse (en algo)
Je ne peux pas me concentrer.	No me puedo concentrar.
Concentre-toi sur tes études.	Concéntrate en tu estudio.
concept	concepto
développer de nouveaux concepts	desarrollar nuevos conceptos
force	fuerza
cravate	corbata
créatif	creativo
futur	futuro (adj)
amateur d'art	amante del arte
genre (d'art)	genéro artístico
commerce de l'art	comercio de arte
académie des beaux-arts	Academia de Bellas Artes
caisse d'assurance des intermittents du spectacle	caja aseguradora de artistas
marché de l'art	mercado del arte
tendance de l'art	tendencia artística
science de l'art	ciencia/conocimiento del arte
récemment	recientemente
musée national	museo nacional
s'ennuyer	aburrirse
séminaire, lecture	seminario, charla
briller, rayonner	brillar
brillant, lumineux	brillante, luminoso
des couleurs brillantes	colores luminosos
partir	partir
air	aire
luxe	lujo
masse	masa
médium de masse	medios de masas
médium	medio
masse, quantité	cantidad, masa, montón
gagner beaucoup de temps	ahorrar un montón de tiempo
métal	metal

das **Mischverb**, -en	mixed verb
das **Mittelalter**	Middle Ages
im Mittelalter	in the Middle Ages
mitten in + D	in the centre of sth
mitten im Leben	in the centre of life
momentan	momentary, at present
die **Mühle**, -n	mill
der **Museumspark**, -s	museum park
museumsreif	ready to go to the museum, interested in museums
der **Musikproduzent**, -en	music producer
die **Nachfrage**, -n	demand
nachher	afterwards
der **Nationalsozialismus**	national socialism
nebenbei	by the way
der **Neubau**, -ten	new building
nirgendwo	nowhere
öffentlich	public
das **Ölbild**, -er	oil painting
die **Ortsveränderung**, -en	translocation
das **Porzellan**, -e	china, porcelain
die **Preisexplosion**, -en	price explosion
der **Pressesprecher**, -	spokesperson
der **Produzent**, -en	producer
profitieren [er profitierte, er hat profitiert] von + D	to profit, to benefit from sth
der **Projektmanager**, -	project manager
die **Raumfahrt**	space travel
rechtzeitig	on time
die Diplomarbeit rechtzeitig abgeben	submit the diploma thesis on time
die **Regenbogenpresse**	tabloid press
die **Regierung**, -en	government
der **Reichtum**, ̈er	richness, wealth
der **Rockstar**, -s	rock star
der **Schatz**, ̈e	treasure
schildern [er schilderte, er hat geschildert] + A	to describe, to depict sth/sb
ein Ereignis schildern	to describe an event
die **Schlange**, -n	snake, queue
der **Schwerpunkt**, -e	focus, emphasis
die **Sicht**, -en	view
das **Silber**	silver
sinnvoll	meaningful
skandinavisch	Scandinavian
die **Sommerblume**, -n	sunflower
die **Sonderausstellung**, -en	special exposition
sowie	as well as
Ich kann über meine Freizeit sowie über einige Museen berichten.	I can tell you about my free time as well as about some museums.
die **Sozialkasse**, -n	social insurance
das **Sozialleben**	social life

verbe (de conjugaison) mixte	verbo de conjugación mixta
Moyen Age	Edad Media
au Moyen Age	en la Edad Media
au centre de qqch	medio
au centre de la vie	en medio de la vida
en ce moment	en este momento
moulin	molino
parc du musée	parque del museo
personne prête à visiter un musée	proclive a los museos
producteur de musique	productor musical
demande	demanda
par la suite	por consiguiente, por tanto
national-socialisme	Nacionalsocialismo
en passant	Aparte de, además de
bâtiment neuf	nueva construcción
nulle part	en ninguna parte
public	público
peinture à l'huile	pintura al óleo
changement de lieux	cambio de lugar
porcelaine	porcelana
explosion des prix	explosión de precios
attaché de presse	portavoz de prensa
producteur	productor
profiter de qqch	aprovecharse (de algo)
chef/manager de projet	director de proyecto
astronautique	astronáutica
à temps	puntual, a tiempo
remettre son mémoire de fin d'études à temps	entregar el proyecto fin de carrera a tiempo
presse à sensations	prensa sensacionalista
gouvernement	Gobierno
richesse	riqueza
star du rock	estrella del rock
trésor	tesoro
décrire, représenter qqch	describir, representar
décrire un événement	describir un suceso
serpent, queue	serpiente, cola
accent, centre (d'intérêt)	punto central, acento
vue, vision	vista, visión
argent	plata
raisonnable	razonable
scandinave	escandinavo
tournesol	girasol
exposition spéciale	exposición especial
ainsi que, aussi bien que	así como
Je peux parler de mon temps libre	Puedo hablar tanto sobre mi tiempo libre
aussi bien que de quelques musées.	como sobre algunos museos.
classe sociale	seguridad social
vie sociale	vida social

die **Spinne**, -n	spider
der **Sprachgebrauch**	language use
der **Staat**, -en	State
stagnieren [er stagnierte, er hat stagniert]	to stagnate
ständig	permanent
ständige Ausstellung	permanent exhibition
die **Stasi** (kurz für: Staatssicherheit)	Stasi (short for: State Security Service)
stattfinden [er fand statt, er hat stattgefunden]	to take place
Im Museum finden Führungen statt.	In the museum guided tours take place.
stecken [er steckte, er hat gesteckt]	here: to be there
Im Bild steckt viel Ruhe.	There is much calmness in the picture.
steigen [er stieg, er ist gestiegen]	to rise
um zehn Prozent steigen	to rise 10%
steigend	rising, increasing
steigende Nachfrage	increasing demand
die **Sternennacht**, ¨e	starry night
das **Stichwort**, -e	key word
die **Stimmung**, -en	mood, atmosphere
störend	disturbing
die **Studienrichtung**, -en	field of study
der **Stummfilm**, -e	silent movie
der **Techniker**, -	technician
das **Technikmuseum**	museum of technology
die **Telefonauskunft**	telephone inquiry, listings
die **Tendenz**, -en	tendency
steigende Tendenz	increasing tendency
der **Tiefpunkt**, -e	low point
der **Tratsch**	gossip
Klatsch und Tratsch	tittle tattle
treffen [er trifft, er traf, er hat getroffen] + A	to meet, here: to make
eine Auswahl treffen	to make a selection
überprüfen [er überprüfte, er hat überprüft] + A	to control, to check sth
der **Umsatz**, ¨e	profit, sales
unpünktlich	unpunctual
die **Unpünktlichkeit**	unpunctuality
unverändert	unaltered, unchanged
verarbeiten [er verarbeitete, er hat verarbeitet] + A	to process sth
Daten verarbeiten	to process data
verkürzen [er verkürzte, er hat verkürzt] + A	to shorten, to abbreviate sth
verlängern [er verlängerte, er hat verlängert] + A	to lengthen, to extend sth
der **Verlust**, -e	loss
verreisen [er verreiste, er ist verreist]	to make a journey, to go on a trip
verschwenden [er verschwendete, er hat verschwendet] + A	to waste sth
Zeit verschwenden	to waste time
der **Verstand**	reason, intellect
verstärken [er verstärkte, er hat verstärkt] + A	to fortify, to boost sth

Chapitre 1   Capítulo 1

araignée	araña
usage de la langue	uso de la lengua
Etat	Estado
stagner	paralizarse, estancarse
permanent	permanente
exposition permanente	exposición permanente
Stasi (bref pour : services de sécurité de l'ancienne RDA)	Stasi (servicio de seguridad estatal de la RDA)
avoir lieu	tener lugar
Au musée il y a des visites guidées.	En el museo tienen lugar visitas guiadas.
se cacher	esconderse
La peinture émet de la tranquillité.	En el cuadro se esconde mucha tranquilidad.
croître, augmenter	subir, aumentar
augmenter de 10%	aumentar en un diez por ciento
croissant	en aumento
demande à la hausse	demanda en aumento
nuit étoilée	noche estrellada
mot-clé	palabra clave
atmosphère, ambiance	atmósfera
gênant, dérangeant	molesto
matière (d'études), spécialisation	orientación en los estudios
film muet	película muda
technicien	técnico
musée technique	museo técnico
information téléphonique	información telefónica
tendance	tendencia
tendance croissante/à la hausse	tendencia en aumento
fond	fondo, punto de máxima profundidad
ragot	cotilleo
potins et ragots, bavardage	chismorreo y cotilleo
ici : prendre, faire qqch	hacer (en este caso); tomar
faire son choix	hacer una elección
vérifier qqch	verificar (algo)
chiffre d'affaires	volumen de negocio
en retard	inpuntual
inexactitude	inputualidad
inaltéré	inalterado
traiter	tratar (algo)
traiter des données	tratar los datos
raccourcir, abréger qqch	acortar (algo)
prolonger, (r)allonger qqch	alargar (algo)
perte	pérdida
partir en voyage	irse de viaje
gaspiller qqch	malgastar, perder
gaspiller son temps	matar el tiempo
raison, intelligence	entendimiento
renforcer, fortifier qqch	reforzar (algo)

der **Vertreter**, -	representative
verzichten [er verzichtete, er hat verzichtet] auf + A	to renounce sth, to give up sth
vielfältig	manifold, versatile
vollständig	complete
die **Vorführung**, -en	presentation
vorherig-	previous, former
vorhin	a little while ago
die **Warteschlange**, -n	waiting line
die **Wechselwirkung**, -en	interaction
die Wechselwirkung von technischer Evolution und Kunst	the interaction of technical evolution and art
die **Weihnachtsfeier**, -n	Christmas party
weiterempfehlen [er empfiehlt weiter, er empfahl weiter, er hat weiterempfohlen] + A	to recommend sth
weitergehen [er ging weiter, er ist weitergegangen]	to go on, to continue
Ich weiß nicht, wie es weitergeht.	I don't know what will happen now.
der **Weltmeister**, -	world champion
der **Wert**, -e	value, importance
viel Wert auf Pünktlichkeit legen	to attach much importance to punctuality
zahlreich	numerous
zeichnen [er zeichnete, er hat gezeichnet] + A	to draw sth/sb
zeitgenössisch	contemporary
der **Zeitkiller**, -	time killer
zeitlich	temporal, chronological
zeitliche Abläufe	chronological course of events
zeitraubend	time-consuming
die **Zeitverschwendung**	waste of time
zusammenstellen [er stellte zusammen, er hat zusammengestellt] + A	to compose, to put together sth
eine Sammlung zusammenstellen	to put together a collection
der **Zusammenhang**, ¨e	relation, connection
die **Zustandsveränderung**, -en	change of condition

▓ Kapitel 1: Teil B   ▓ Chapter 1: Part B

die **Abstraktion**, -en	abstraction
die **Anerkennung**, -en	acknowledgement, recognition
Anerkennung finden	to gain recognition
anlässlich + G	on the occasion of sth
anlässlich seines 70. Geburtstags	on the occasion of his 70th birthday
der **Atlas**, -se, die Atlanten	atlas
der **Bau**	construction
der Bau der Mauer	the construction of the (Berlin) Wall
die **Biennale**, -n	biennial
breit	broad, wide
breite internationale Resonanz	a world-wide reaction
der **Bühnenmaler**, -	scene painter

représentant, agent	representante
renoncer à qqch/qqn, s'en passer de qqch/qqn	renunciar (a algo)
multiple	múltiple
complet	completo
présentation	presentación
précédent	precedente
avant	avance
file d'attente	cola de espera
interaction	interacción
l'interaction de l'évolution technique et de l'art	la interacción entre la evolución técnica y el arte
fête de Noël	fiesta de Navidad
recommander qqch	recomendar (algo)
continuer	continuar
Je ne sais pas comment cela continuera.	No sé cómo continua.
champion du monde	campeón del mundo
valeur, importance	valor
attacher beaucoup d'importance à la ponctualité	dar mucho valor a la puntualidad
nombreux	numeroso
dessiner qqch/qqn	diseñar (algo)
contemporain	contemporáneo
passe-temps	pasatiempos
temporel, dans le temps	temporal
processus temporels	procesos temporales
de longue haleine	que exige mucho tiempo
perte de temps	pérdida de tiempo
composer, rassembler qqch	componer, juntar (algo)
rassembler une collection	juntar una colección
rapport, relation	relación, dependencia
changement de condition	cambio de condición

▨ Chapitre 1 : Partie B   ▨ Capítulo 1: Parte B

abstraction	abstracción
reconnaissance	reconocimiento
gagner la reconnaissance	recibir reconocimiento
à l'occasion de, lors de qqch	en ocasión de
à l'occasion de son 70ième anniversaire	en ocasión de su 70o cumpleaños
atlas	atlas
construction	construcción
la construction du Mur	construcción del muro
biennale	bienal
large	amplia
large résonance internationale	amplia resonancia internacional
peintre décorateur de théâtre	pintor de escenografía

darstellen [er stellte dar, er hat dargestellt] + A	to picture, to represent sth/sb
die Gesellschaft kritisch darstellen	to represent the society in a critical way
dienen [er diente, er hat gedient] als	to serve as
als Vorlage für Gemälde dienen	to serve as a model for paintings
die **Einzelausstellung**, -en	individual exhibition
das **Exponat**, -e	exhibit
die **Farbstudie**, -n	colour study
faszinierend	fascinating
das **Fotolabor**, -s	photo lab
fotorealistisch	photo-realistic
der **Gastdozent**, -en	visiting lecturer, guest professor
der **Gegensatz**, ⁔e	opposite, contrast
die **Gelegenheit**, -en	occasion
die Gelegenheit zu einer Einzelausstellung erhalten	to receive the opportunity of an individual exhibition
die **Hälfte**, -n	half
in der zweiten Hälfte des 20. Jahrhunderts	in the second half f the 20th century
ironisch	ironic
kapitalistisch	capitalist
die **Konsumgesellschaft**, -en	consumer society
kooperieren [er kooperierte, er hat kooperiert] mit + D	to cooperate, to work together with sb
die **Kunstakademie**	art academy
der **Kunsterzieher**, -	art master
lehren [er lehrte, er hat gelehrt]	to teach
die **Nachkriegskunst**	postwar art
die **Naturdarstellung**, -en	representation of nature
das **Portrait**, -s	portrait
der **Realismus**	realism
die **Resonanz**, -en	resonance
die **Retrospektive**, -n	retrospective
sozialistisch	socialist
das **Stillleben**, -	still life
der **Stoff**, -e	fabric, cloth
umfassend	global, extensive
eine umfassende Retrospektive	a global retrospective
unscharf	blurred
unterstrichen	underlined
unterstrichene Wörter	underlined words
die **Vorlage**, -n	model
als Vorlage für Gemälde dienen	to serve as model for paintings
das **Wandgemälde**, -	mural painting
westlich	Western
zählen [er zählte, er hat gezählt] zu + D	to count, to rank amongst sth/sb
Richter zählt zu den bekanntesten deutschen Malern.	Richter ranks amongst the most famous German painters.
der **Zeitungsausschnitt**, -e	press cutting

interpréter, (re)présenter qqch	presentar, interpretar (algo)
(re)présenter la société d'une façon critique	presenta a la sociedad de manera crítica
servir de qqch	servir (de algo)
servir de modèle pour les peintures	servir de modelo para la pintura
exposition individuelle	exposición individual
pièce d'exposition	pieza de exposición
étude des couleurs	estudio del color
fascinant	fascinante
laboratoire photographique	laboratorio fotográfico
photoréaliste	foto-realismo
professeur invité	profesor invitado
contraire, opposé	contrario, opuesto
occasion	ocasión, oportunidad
avoir l'opportunité d'une exposition individuelle	tener la oportunidad de una exposición individual
moitié	mitad
dans la deuxième moitié du 20ième siècle	en la segunda mitad del siglo XX
ironique	irónico
capitaliste	capitalista
la société de consommation	sociedad de consumo
coopérer avec qqn	cooperar (con alguien)
académie des (beaux-)arts	academia de Bellas Artes
professeur de dessin	profesor de arte
enseigner	enseñar
art de l'après-guerre	arte de postguerra
présentation de la nature	representación de la naturaleza
portrait	retrato
réalisme	Realismo
résonance	resonancia
rétrospective	retrospectiva
socialiste	socialista
nature morte	naturaleza muerta
tissu	tejido
global, complet	completa, global
une rétrospective globale	una retrospectiva completa
flou	difuso
souligné	subrayar
des mots soulignés	palabras subrayadas
modèle	model
servir de modèle pour les peintures	servir de model para cuadros
peinture murale	pintura mural
occidental	occidental
compter parmi qqch/qqn	contrarse entre
Richter compte parmi les peintres allemands les plus connus.	Richter se cuenta entre los pintores alemanes más conocidos.
coupure de presse	recorte de prensa

■ Kapitel 2: Teile A, C und D | ## ■ Chapter 2: Parts A, C and D

abschließen [er schloss ab, er hat abgeschlossen] + A — to finish, to conclude sth
  das Projekt abschließen — to finish a project
der **Abschluss**, ⁻e — ending, closure
  der Abschluss von Geschäften — conclusion of a deal
abwechslungsreich — varied
der **Affe**, -n — monkey
akademisch — academic
die **Aktion**, -en — action
aktuell — recent
  eine aktuelle Umfrage — a recent survey
das **Amt**, ⁻er — office
  ein internationales Amt — an international office
analysieren [er analysierte, er hat analysiert] + A — to analyse sth/sb
  einen Satz/den Markt analysieren — to analyse a sentence/the market
die **Animation**, -en — animation
die **Anleitung**, -en — instruction, direction
das **Ansehen** — reputation
die **Ansicht**, -en — point of view, aspect
ansprechen [er spricht an, er sprach an, er hat angesprochen] + A — to address, to approach sb
  den Geschäftspartner mit „Sie" ansprechen — to address the business partner formally
die **Antipathie**, -n — antipathy
anwendbar — applicable
anziehend — attractive, appealing
  anziehend wirken — to appear appealing
die **Arbeitsbedingung**, -en — working condition
das **Arbeitsjahr**, -e — working year
das **Arbeitsklima** — working atmosphere
das **Arbeitsverhältnis**, -se — working relationship
der **Arbeitsvertrag**, ⁻e — working contract
das **Architekturbüro**, -s — architects' office
der **Atomphysiker**, - — nuclear physicist
aufmachen [er machte auf, er hat aufgemacht] + A — to open sth
  das Fenster aufmachen — to open the window
der **Auftrag**, ⁻e — task
das **Auktionshaus**, ⁻er — auction house
ausdrücklich — explicitly
  private E-Mails ausdrücklich verbieten — to forbid explicitly private e-mails
ausrichten [er richtete aus, er hat ausgerichtet] + D + A — to deliver sth to sb
  dem Chef eine Nachricht ausrichten — to deliver a message to the boss
ausüben [er übte aus, er hat ausgeübt] + A — to practice sth
  einen Beruf ausüben — to practice a profession
autoritär — authoritarian
außer — except
  Die Nomen enden außer im Nominativ immer auf -n. — The nouns end always, except for nominative, on -n.

## ▓ Chapitre 2 : Partie A, C et D	## ▓ Capítulo 2: Partes A,C y D

terminer, conclure qqch	terminar, concluir (algo)
terminer le projet	terminar el proyecto
terminaison, clôture	clausura, conclusión, diploma
transaction commerciale/des affaires	transacción comercial
varié	variado
singe	simio, mono
académique	académico
action	acción
actuel	actual
un sondage récent	una encuesta reciente
organisation	oficina, organización
une organisation internationale	organización internacional
analyser qqch/qqn	analizar (algo)
analyser une phrase/analyser le marché	analizar una frase/analizar el mercado
animation	animación
instruction	instrucción
réputation	reputación
avis, point de vue	punto de vista, opinión
aborder qqn, adresser la parole à qqn	abordar, dirigirse (a alguien)
vouvoyer son correspondant	dirigirse a su socio comercial de Usted
antipathie	antipatía
applicable	aplicable
attirant	atractivo
être attirant	resultar atractivo
condition de travail	condición laboral
année de travail	año laboral
climat de travail	clima laboral
relation de travail	relación laboral
contrat de travail	contrato laboral
cabinet d'architectes	despacho de arquitectos
physicien nucléaire	físico nuclear
ouvrir qqch	abrir (algo)
ouvrir la fenêtre	abrir la ventana
tâche	tarea
salle des ventes	sala de subastas
explicitement	explícitamente
interdire explicitement les courriels privés	prohibir E-mails privados explícitamente
orienter, transmettre qqch à qqn	orientar, transmitir (algo)
transmettre un méssage au chef	tansmitir un mensaje al jefe
exercer qqch	ejercer (algo)
exercer une profession	ejercer un trabajo
autoritaire	autoritario
sauf, hors de qqch	excepto
Les noms se terminent toujours, sauf au nominatif, en -n.	Los nombres terminan siempre en −n excepto en nominativo.

das **Ballgefühl**	a feel for the ball
der **Bankräuber**, -	bank robber
der **Baustein**, -e	building block, element
die kleinsten Bausteine der Materie	the smallest elements of the material
beenden [er beendete, er hat beendet] + A	to end, to finish sth
ein Gespräch beenden	to finish a conversation
ein Projekt beenden	to finish a project
befristet	temporary, limited
eine befristete Arbeitsstelle	a temporary job
das **Benehmen**	behaviour, manners
gutes/schlechtes Benehmen	good/bad manners
sich **benehmen** [er benimmt sich, er benahm sich, er hat sich benommen]	to behave
das **Beratungsgespräch**, -e	consultation
berechnen [er berechnete, er hat berechnet] + A	to calculate sth
für das Frühstück 20 Euro extra berechnen	to calculate an extra 20 Euros for the breakfast
die **Berufsbeschreibung**, -en	job description
die **Berufsbezeichnung**, -en	job title
die **Berufsgruppe**, -n	occupational group
der **Berufszweig**, -e	job field, branch
bestimmt	definite, determined
bestimmte Informationen	certain information
betrachten [er betrachtete, er hat betrachtet] als	to consider
In Deutschland betrachtet man	In Germany people consider punctuality
Pünktlichkeit als Höflichkeit.	to be a courtesy.
die **Bewerbungsunterlage**, -n	application paper
die **Börse**, -n	stock-market
der **Börsenbericht**, -e	stock market report
die **Branche**, -n	branch
der **Büchermarkt**, ¨e	book market
der **Bulgare**, -n	Bulgarian
die **Bundesliga**	German Football League
das **Bürohaus**, ¨er	block of offices
der **Büroraum**, ¨e	office space
der **Demonstrant**, -en	demonstrator
derselbe/dieselbe/dasselbe	the same
deutlich machen [er machte deutlich, er hat deutlich gemacht] + A	to reveal, to make clear sth
seine Meinung deutlich machen	to make clear one's opinion
der **Doktorand**, -en	doctorand
duzen [er duzte, er hat geduzt] + A	to address sb informally
den Geschäftspartner duzen	to address the business partner informally
die **Ebene**, -n	level
mittlere Ebene	medium-level
ebenso	alike, equally
effizient	efficient
eher	sooner
Ich konnte nicht eher kommen.	I couldn't come sooner.

touché de balle	capacidad de sentir el balón, toque
braqueur de banque	atracador de bancos
pierre de construction, élément	piedra de construcción, elemento estructural
les plus petits éléments constitutifs de la matière	el menor elemento estructural de la materia
finir, terminer qqch	terminar (algo)
finir une conversation	terminar una conversación
terminer un projet	terminar un proyecto
limité	de tiempo limitaro
un contrat à durée déterminée	un puesto de trabajo temporal
comportement, manières	comportamiento, maneras
bonnes/mauvaises manières	buenas/malas maneras
se comporter	comportarse
entretien d'orientation	entrevista de asesoramiento
calculer, compter qqch	contabilizar, calcular (algo)
compter 20 euros de plus pour le petit déjeuner	contabilizar 20 Euros extras para el desayuno
description de travail	descripción del trabajo
dénomination du métier	denominación laboral
groupe professionnel	grupo profesional
branche professionnelle	rama profesional
défini, certain	definido, cierto
certaines informations	ciertas informaciones
considérer comme	contemplar, considerar
En Allemagne on considère la ponctualité	En Alemania se considera la puntualidad
comme un acte de politesse.	como cuestión de educación.
dossier de candidature	dossier de candidatura, de solicitud
Bourse	Bolsa
bulletin de la Bourse	boletín de la Bolsa
branche	rama
marché aux livres	mercado de libros
Bulgare	Búlgaro
Ligue Fédérale de Football	Liga de fútbol de Alemania
bâtiment de bureaux	edificio de oficinas
bureau	oficina
manifestant	manifestante
le/la même	el/la mismo/a
spécifier, exprimer clairement qqch	especificar, manifestar claramente (algo)
clairement exprimer son opinion	especificar su opinión
doctorant	doctorante
tutoyer qqn	tutear (a alguien)
tutoyer le correspondant	tutear a un socio comercial
niveau	nivel
niveau moyen	nivel medio
de même, autant que	tanto como
efficace	eficiente
plus tôt	de ninguna manera
Je ne pouvais pas venir plus tôt.	No pude venir de ninguna manera.

sich **einarbeiten** [er arbeitete sich ein, er hat sich eingearbeitet]	to become acquainted with the job
der **Einfluss**, ⸚e	influence
großen Einfluss auf die Karriere haben	to have a major influence on the career
einführen [er führte ein, er hat eingeführt] + A	to introduce sth
neue Regeln einführen	to introduce new rules
einhalten [er hält ein, er hielt ein, er hat eingehalten] + A	to keep, to meet sth
einen Termin einhalten	to meet a deadline
die **Einleitung**, -en	introduction
eine kurze Einleitung schreiben	to write a short introduction
die **Einschränkung**, -en	restriction
der **Einschreibetag**, -e	registration day
die **Einschreibung**, -en	registration
einstecken [er steckte ein, er hat eingesteckt] + A	here: to collect sth
eine Visitenkarte einstecken	to collect a business card
einstellen [er stellte ein, er hat eingestellt] + A	to employ, to hire sb
neue Mitarbeiter einstellen	to hire a new employee
der **Einstufungstest**, -s	placement test
die **Einzelheit**, -en	detail
der **Elefant**, -en	elephant
das **Endspiel**, -e	end game, final
enthalten [er enthält, er enthielt, er hat enthalten] + A	to contain, to include sth
Das Buch enthält praktische Tipps.	The book contains practical tips.
entlassen [er entlässt, er entließ, er hat entlassen] + A	to lay off, to realease sb
einen Mitarbeiter entlassen	to lay off an employee
die **Entlassung**, -en	lay-off, dismissal
der **Entlassungsgrund**, ⸚e	reason of lay-off
entsprechend	suitable, appropriate
eine entsprechende Vereinbarung	an agreement (on the matter in question)
das **Farbmuster**, -	colour sample
die **Ferienreise**, -n	holiday trip
fest	fixed, permanent
ein fester Arbeitsvertrag	a permanent job contract
feste Arbeitszeiten	fixed working hours
der **Feuerwehrmann**, -leute	firefighter
fließend	fluent
fließend Deutsch sprechen	to speak German fluently
forschen [er forschte, er hat geforscht]	to do research
an der Universität forschen	to do research at the university
der **Fotograf**, -en	photographer
der **Freiherr**, -en	baron
der **Friseur**, -e	hairdresser
die **Führungskraft**, ⸚e	executive manager
der **Fußballer**, -	footballer
der **Fußballspieler**, -	football player
der **Gastgeber**, -	host
der **Gedanke**, -n	thought
die **Gefahr**, -en	danger

se familiariser avec le travail	familiarizarse
influence	influencia
avoir une grande influence sur la carrière	tener gran influencia en la carrera
introduire	introducir (algo)
introduire de nouvelles règles	introducir nuevas reglas
respecter, suivre qqch	respetar, mantener, seguir (algo)
respecter un délai	mantener una cita
introduction	introducción
écrire une courte introduction	escribir una pequeña introducción
restriction	restricción
jour de l'inscription	día de matrícula
inscription	matrícula, inscripción
empocher qqch	introducir
accepter une carte de visite	recibir una tarjeta de visita
embaucher, employer qqn	contratar, incorporar
embaucher de nouveaux employés	incorporar nuevos trabajadores
test d'évaluation	test de nivel
détail	detalle
éléphant	elefante
finale	(partido) final
contenir, comprendre qqch	contener
Le livre contient des tuyaux pratiques.	El libro contiene consejos prácticos.
congédier, licencier qqn	dejar, licenciar, despedir
licencier un collaborateur	despedir a un trabajador
licenciement	despido, licenciamiento
raison de licenciement	motivo de despido
correspondant, adéquat	correspondiente
accord adéquat	un acuerdo correspondiente
échantillon de couleur	muestra de color
voyage de vacances	viaje de vacaciones
solide, fixe	sólido, fijo
un contrat à durée indéterminée	un contrato fijo de trabajo
des heures de travail fixes	horario laboral fijo
pompier	bombero
courant, couramment	fluido
parler couramment l'allemand	hablar Alemán fluidamente
faire de la recherche	investigar
faire de la recherche à l'université	investigar en la universidad
photographe	fotógrafo
baron	barón
coiffeur	peluquero
cadre (supérieur)	directivo, ejecutivo
footballeur	futbolista
joueur de foot	jugador de fútbol
hôte	huésped
pensée	pensamiento
danger	peligro

genießen [er genoss, er hat genossen] + A	to enjoy sth
den Urlaub genießen	to enjoy the vacation
geraten [er gerät, er geriet, er ist geraten]	to get somewhere/into sth
Er geriet in den Verdacht, dass …	He is suspected of …
gerecht	fair, right
das **Gericht**, -e	court, tribunal
jemanden vor Gericht vertreten	to represent sb in court
das **Gerichtsurteil**, -e	verdict
gering	minor, small, insignificant
in geringem Umfang	moderately
gestalten [er gestaltete, er hat gestaltet] + A	to shape sth
einen Raum gestalten	to design a room/space
das **Gestalten**	form design
die **Gestaltung**, -en	creation, design arrangement
die Gestaltung von Räumen	designing of spaces
der **Gestaltungsvorschlag**, ¨e	suggestion for the design
gewissenhaft	conscientious
gläubig	believing, religious
der **Grieche**, -n	Greek
halbformell	semi-formal
das **Händeschütteln**	handshake
der **Handschlag**, ¨e	handshake
der **Held**, -en	hero
heutzutage	nowadays
hinaus über + A	out, beyond
das Telefon über das normale Maß hinaus nutzen	to use the telephone beyond the normal extent
hinten	behind
hinterlassen [er hinterlässt, er hinterließ, er hat hinterlassen] + A	to leave sth (behind)
eine Nachricht hinterlassen	to leave a message
der **Hinweis**, -e	hint, indication
der **Hochschulprofessor**, -en	technical university professor
informell	informal
der **Innenarchitekt**, -en	interior designer
die **Internationalisierung**	internationalisation
sich **irren** [er irrte sich, er hat sich geirrt]	to be wrong, to be mistaken
Sie irren sich.	You are wrong.
jagen [er jagte, er hat gejagt] + A	to hunt sth/sb
Verbrecher jagen	to hunt a criminal/delinquent
jetzig-	present, current
meine jetzige Arbeit	my current job
der **Kamerad**, -en	fellow
die **Kanzlei**, -en	lawyer's office
die **Karriere**, -n	career
die **Karrieremöglichkeit**, -en	career opportunity
klassisch	classic
klassisches Outfit	classic style outfit

se réjouir de qqch, profiter de qqch	disfrutar (de algo)
profiter des vacances	disfrutar las vacaciones
arriver, tomber	llegar
Il est soupçonné d'avoir …	Se sospechó de él que …
juste, équitable	justo
tribunal	tribunal
représenter qqn au tribunal	representar a alguien frente a un tribunal
jugement	resolución judicial
faible, insignifiant	pequeño, reducido
de volume insignifiant	de volumen reducido
aménager qqch	amueblar, organizar (algo)
aménager un espace	organizar un espacio
arrangement, aménagement	repartición, organización
arrangement, aménagement	repartición, organización
arrangement des espaces	organización de espacios
proposition d'aménagement	propuesta de organización
consciencieux	consciente
croyant	creyente
Grec	griego
semi-formel	semiformal
poignée de main	mitad
poignée de main	apretón de manos
héros	héroe
de nos jours	hoy en día
au-delà	más allá, además, en exceso
utiliser le téléphone à l'excès	utilizar el teléfono en exceso
derrière	detras
laisser qqch	dejar tras de sí (algo)
laisser un message	dejar un mensaje
renseignement, indication	indicación
professeur d'université technique	profesor de universidad técnica
informel	informal
architecte d'intéreur	interiorista
internationalisation	internacionalización
se tromper	equivocarse
Vous vous trompez.	Se equivoca.
poursuivre qqn	perseguir (a alguien)
poursuivre un criminel	perseguir a un criminal
actuel	actual
mon travail actuel	mi trabajo actual
camarade	camarada
cabinet d'avocats	despacho/buffete de abogados
carrière	carrera
opportunité de carrière	oportunidad de carrera
classique	clásico
tenue classique	vestimenta clásica

der **Knigge**	Miss Manners (etiquette)
kommerziell	commercial
eine kommerzielle Internetseite	a commercial web site
kommunikativ	communicative
der **Kommunist**, -en	communist
die **Konkurrenz**, -en	competition
konsequent	consistent
konstruieren [er konstruierte, er hat konstruiert] + A	to construct, to build sth
Maschinen konstruieren	to build a machine
kontaktfreudig	sociable, outgoing
der **Körperkontakt**, -e	body contact
den Körperkontakt meiden	to avoid body contact
die **Krankenschwester**, -n	nurse
der **Kriminalkommissar**, -e	inspector, detective superintendant
der **Kundenbesuch**, -e	customer visit
der **Kursbeginn**, -e	course beginning
die **Kurslänge**, -n	course duration/length
kürzlich	recently
das **Labor**, -s	lab
der **Laie**, -n	layman
leihen [er lieh, er hat geliehen] + D + A	to lend sth from sb
Leihst du mir mal einen Stift?	May I borrow a pencil (from you)?
lernfähig	fast learner, adaptive
der **Lieferant**, -en	furnisher
der **Löwe**, -n	lion
die **Manieren** (Pl.)	manners
gute Manieren	good manners
die **Marketinguntersuchung**, -en	marketing research
die **Materie**, -n	material
das **Maß**, -e	measure, extent
das Telefon über das normale Maß hinaus nutzen	to use the telephone beyond the normal extent
die **Maßnahme**, -n	measure, action
eine Maßnahme treffen	to implement an action
meiden [er mied, er hat gemieden] + A	to avoid sth/sb
ein Thema meiden	to avoid a subject
die **Menschenkenntnis**	knowledge of human nature
der **Messestand**, ⸚e	exhibition booth
mittler-	middle, medium
mittleres Management	middle management
motivieren [er motivierte, er hat motiviert] + A	to motivate sb
das **Motto**, -s	motto, slogan
der **Nachname**, -n	family name
der **Nerv**, -en	nerve
gute Nerven haben	to have good nerves
nutzen [er nutzte, er hat genutzt] + A	to use sth
ein Medium nutzen	to use a medium
die **Nutzung**, -en	use
private Nutzung des Internets	private use of the Internet

Français	Español
protocole mondain, étiquette	etiqueta
commercial	comercial
site Internet commercial	página comercial de Internet
communicatif	comunicativo
communiste	comunista
concurrence	competencia
conséquent	consecuente
construire qqch	construir (algo)
construire des machines	construir máquinas
sociable	sociable
contact physique	contacto corporal
éviter les contacts physiques	evitar el contacto corporal
infirmière	enfermera
commissaire de la police judiciaire	comisario de policía judicial
visite des clients	visita de clientes
début du cours	comienzo del curso
durée du cours	duración del curso
récemment	recientemente
laboratoire	laboratorio
amateur, diléttante	laico, amateur
prêter qqch à qqn	prestar (algo a alguien)
Tu me prêtes un crayon ?	¿Me prestas un lápiz?
qui est capable d'apprendre, prêt à apprendre	capaz de aprender
fournisseur	proveedor
lion	león
manières	maneras
bonnes manières	buenas maneras
étude marketing	estudio de márketing
matière	materia
mesure, degré	medida, grado
utiliser le téléphone à l'excès	utilizar el teléfono en exceso
mesure	medida
prendre des mesures	tomar una medida
éviter qqch/qqn	evitar (algo)
éviter un sujet	evitar un tema
connaissance des hommes	conocimiento de la naturaleza humana
stand de foire	stand de feria
moyen	medio
fondés du pouvoir, « middle management »	management medio
motiver qqn	motivar (algo)
devise	leitmotif
nom de famille	apellido
nerf	nervio
avoirs les nerfs solides	tener nervios de acero
utiliser qqch	utilizar (algo)
utiliser un médium	utilizar un medio
utilisation, exploitation	utilización
utilisation privée de l'Internet	utilización privada de Internet

olympisch	Olympic
die Olympischen Spiele	Olympic Games
optimal	optimal
ordentlich	orderly, neat
das **Organisationstalent**, -e	ability of organisation
das **Outfit**, -s	outfit
die **Patentanmeldung**, -en	patent application
der **Pfarrer**, -	priest
pflegen [er pflegte, er hat gepflegt] + A	to attend, maintain
kranke Menschen pflegen	to tend to a patient
die **Pflicht**, -en	duty, obligation
die **Planung**, -en	planning, scheduling
das **Plenum**	plenum
Präsentieren Sie Ihre Vorschläge im Plenum.	Present your propositions to the plenum.
die **Präsentation**, -en	presentation
die **Predigt**, -en	sermon
die **Preisliste**, -n	price list
die **Pressekonferenz**, -en	press conference
der **Prinz**, -en	prince
das **Prinzip**, -ien	principle
prinzipiell	in principle
probieren [er probierte, er hat probiert] + A	to try sth
ein Gericht/einen Wein probieren	to try a dish/a wine
der **Rahmen**, -	frame, limits
im normalen Rahmen	within the normal limits
der **Ratgeber**, -	advisor, guide
das **Rathaus**, ¨er	city hall, town hall
die **Raucherecke**, -n	smokers' corner
recherchieren [er recherchierte, er hat recherchiert] + A	to research sth
der **Rechtsanwalt**, ¨e	lawyer
der **Reiseleiter**, -	tour guide
das **Reiseunternehmen**, -	travel organisation
die **Religion**, -en	religion
sich **richten** [er richtete sich, er hat sich gerichtet] nach + D	to be in accordance with sth
Die Kleidung richtet sich nach der Branche.	The dress code is in accordance with the branch.
der **Riese**, -n	giant
der **Seeblick**, -e	view to the sea
selbstständig	autonomous, independent
selbstständig arbeiten	to work autonomously
siezen [er siezte, er hat gesiezt] + A	to address sb formally
den Geschäftspartner siezen	to address the business partner formally
die **Sitte**, -n	custom, convention
der **Smalltalk**	smalltalk
der **Sonnenschein**	sunshine
speziell	special
der **Spion**, -e	spy
der **Spitzensportler**, -	top athlete
die **Sprachabteilung**, -en	department of languages

Français	Español
olympique	olímpico/a
les Jeux Olympiques	Juegos Olímpicos
optimal	óptimo
ordonné, rangé	ordenado, correcto
talent d'organisateur	talento organizativo
tenue, vêtements	vestimenta
demande de brevet	solicitud de patente
pasteur, curé	pastor, cura
soigner qqn	cuidar (a alguien)
soigner des (personnes) malades	cuidar enfermos
devoir, obligation	deber, obligación
planification	planificación
session plénaire	sesión plenaria
Présentez vos propositions en session pléniaire.	Presente sus propuestas en la sesión plenaria.
présentation	presentación
prédication, sermon	prédica, sermón
liste de prix/tarifs	lista de precios
conférence de presse	conferencia de prensa
prince	príncipe
principe	principio
en principe	principalmente, en principio
déguster, goûter qqch	probar (algo)
déguster un plat/un vin	probar un plato/un vino
cadre	marco
dans le cadre normal, sans excès	en un marco normal
ouvrage spécialisé	consejero, asesor
mairie	ayuntamiento
coin fumeur	zona de fumadores
rechercher qqch	buscar (algo)
avocat	abogado
guide touristique	guía turístico
agence de voyage	agencia de viajes
religion	religión
être déterminé par qqch/qqn	estar determinado por (algo)
La tenue est déterminée par la branche.	La vestimenta está determinada por la rama.
géant	gigante
vue sur la mer	vista al mar
indépendant, autonome	independiente, autónomo
travailler indépendamment	trabajar de autónomo
vouvoyer qqn	tratar de usted
vouvoyer le correspondant	tratar de usted al socio
coutume	costumbre
conversation facile	conversación banal
rayonnement du soleil	rayo de sol
spécial	especial
espion	espía
sportif de haut niveau	deportista de élite
département des langues	departamento de idiomas

die **Sprachkenntnisse** (Pl.)	language knowledge/skills
der **Sprachkurs**, -e	language course
die **Sprachschule**, -n	language school
die **Stellenanzeige**, -n	job advertisement
die **Strafe**, -n	punishment, fine
50 Euro Strafe zahlen	to pay 50 euros fine
der **Strafzettel**, -	ticket
der **Straßenlärm**	street noise
das **Team**, -s	team
der **Teilnehmer**, -	participant
der **Terrorist**, -en	terrorist
das **Textverständnis**	text comprehension
die **Tischmanieren** (Pl.)	table manners
der **Titel**, -	title
die **Tochterfirma**, die Firmen	subsidiary
das **Trinkgeld**, -er	tip
überraschen [er überraschte, er hat überrascht] + A	to surprise
überreichen [er überreichte, er hat überreicht] + A	to give, hand over sth
eine Visitenkarte überreichen	to hand over a business card
die **Überstunde**, -n	overtime hour
überzeugend	convincing, persuasive
üblich	common, ordinary
der **Umbau**	reconstruction
der **Umfang**	size, scale
in geringem Umfang	moderately
das **Umfeld**	environment
der berufliche Umfeld	professional environment
der **Umgang**	the way of treating people
die **Umgangsform**, -en	manners, behaviour
umgehen [er ging um, er ist umgegangen]	to handle sth, to deal with sb
mit dem Computer umgehen können	to know how to handle a computer
gut mit Menschen umgehen können	to know how to deal fairly with people
umsetzen [er setzte um, er hat umgesetzt] + A	to implement sth
unbedingt	absolute, unconditional
unbefristet	unlimited, permanent
ein unbefristeter Arbeitsvertrag	permanent employment
unsicher	uncertain
die **Unsicherheit**, -en	incertitude
unterbreiten [er unterbreitete, er hat unterbreitet] + A	to submit sth
Vorschläge unterbreiten	to submit propositions
das **Unternehmen**, -	enterprise
unverbindlich	without commitment
der **Urlauber**, -	tourist, vacationist
das **Vanilleeis**	vanilla ice cream
veraltet	out of date
verbessern [er verbesserte, er hat verbessert] + A	to correct sth
verbieten [er verbot, er hat verboten]	to forbid, to ban sth
die private Internetnutzung verbieten	to prohibit the use of Internet for private purposes

connaissance de langues	conocimientos de idiomas
cours de langue	curso de idiomas
école de langues	escuela de idiomas
offre d'emploi	oferta de empleo
punition, amende	multa (condena)
payer une amende de 50 euros	pagar una multa de 50 Euros
contravention	multa
bruit de la rue	ruido de la calle
équipe	equipo
participant	participante
terroriste	terrorista
compréhension de texte	comprensión del texto
manières à table	modales en la mesa
titre	título
filiale	filial
pourboire	propina
surprendre qqn	sorprender (a alguien)
remettre, donner qqch	entregar (algo)
remettre une carte de visite	entregar una tarjeta de visita
heure supplémentaire	hora extra
convaincant	convincente
habituel, commun	habitual, común
reconstruction	reconstrucción
volume	volumen
de volume insignifiant	de volumen insignificante
environnement	entorno
environnement professionnel	entorno profesional
manières, savoir s'y prendre avec qqn	relaciones, compañía
(bonnes) manières	formas, modales
se servir de qqch, traiter qqn	utilizar, tratar, (con alguien/algo)
savoir comment se servir d'un ordinateur	saber cómo utilizar el ordenador
savoir comment traiter les gens	saber tratar con la gente
réaliser qqch	realizar
absolument	absolutamente
illimité, à durée indéterminée	ilimitado, duración indeterminada
un contrat de travail à durée indéterminée	contrato de trabajo de duración indeterminada
incertain	inseguro, incierto
incertitude	incertidumbre
soumettre qqch	someter (algo)
soumettre des propositions	someter propuestas
entreprise	empresa
sans engagement, facultatif	no vinculante
vacancier	quien está de vacaciones
glace à la vanille	helado de vainilla
désuet	envejecido
corriger, améliorer qqch	mejorar (algo)
interdire qqch	prohibir (algo)
interdire l'utilisation de l'Internet à des fins privées	prohibir el uso privado de Internet

verbinden [er verband, er hat verbunden] + A	to connect sb, to put sb through
Ich verbinde Sie.	I put you through.
der **Verbrecher**, -	delinquent
der **Verdacht**	suspicion
Er geriet in den Verdacht, dass …	He is suspected of having …
vereinfachen [er vereinfachte, er hat vereinfacht] + A	to simplify sth
den Abschluss von Geschäften vereinfachen	to simplify the conclusion of businesses
vergeben [er vergibt, er vergab, er hat vergeben] + A	to assign, give sth
Noten vergeben	to assign marks
verhaften [er verhaftete, er hat verhaftet] + A	to arrest, to capture sb
einen Verbrecher verhaften	to arrest a criminal
das **Verhalten**	behaviour
sich **verhalten** [er verhält sich, er verhielt sich, er hat sich verhalten]	to behave
sich professionell verhalten	to behave professionally
die **Verhaltensregeln** (Pl.)	rules of behaviour
verhandeln [er verhandelte, er hat verhandelt]	to negotiate
der **Verhandlungsraum**, ⁀e	conference room
verhören [er verhörte, er hat verhört] + A	to question, to interrogate sb
einen Verbrecher verhören	to interrogate a criminal
der **Verkehrspolizist**, -en	traffic policeman
das **Verkehrssystem**, -e	traffic system
verlockend	tempting, inviting
verschieben [er verschob, er hat verschoben] + A	to postpone, to reschedule sth
einen Termin verschieben	to reschedule an appointment
die **Versicherung**, -en	insurance company
versorgen [er versorgte, er hat versorgt] + A	to care about sb, to tend to sb
kranke Menschen versorgen	to tend to sick people
versprechen [er verspricht, er versprach, er hat versprochen] + D + A	to promise sth to sb
einem Mitarbeiter eine Gehaltserhöhung versprechen	to promise a raise of salary to a co-worker
der **Vertrag**, ⁀e	contract
vervollständigen [er vervollständigte, er hat vervollständigt] + A	to complete sth
Vervollständigen Sie die Sätze.	Complete the sentences.
die **Visitenkarte**, -n	business card
eine Visitenkarte überreichen/einstecken	to hand over/accept a business card
visualisieren [er visualisierte, er hat visualisiert] + A	to visualize, to illustrate sth
die Gestaltungsvorschläge mit Fotos visualisieren	to visualize the suggestions for the design by photos
die **Volkshochschule**, -n	adult education centre
völlig	completely
voraussichtlich	expectedly
das **Vorstellen**	introducing (a person)
die **Vorstellung**, -en	introduction, presentation
die **Vorwahl**, -en	area code
das **Weihnachtsgeschenk**, -e	Christmas present

connecter qqch/qqn, passer qqn	conectar, pasar (algo, a alguien)
Je vous le/la passe.	Le paso.
criminel	criminal
soupçon	sospecha
On l'a soupçonné d'avoir …	Se sospechó de él que …
simplifier qqch	simplificar (algo)
simplifier la conclusion des affaires	simplificar la conclusión de negocios
distribuer, donner qqch	distribuir, dar (algo)
distribuer des notes	distribuir las notas
arrêter, capturer qqn	arrestar, capturar (a alguien)
arrêter un criminel	arrestar a un criminal
comportement	comportamiento
se comporter	comportarse
se comporter de façon professionnelle	comportarse profesionalmente
règles de comportement	reglas de comportamiento
négocier	negociar
salle de réunion	sala de reuniones
interroger qqn	interrogar (a alguien)
interroger un criminel	interrogar a alguien
agent de la circulation	agente de trafico
système de circulation	sistema de tráfico
alléchant, attrayant	atrayente
reporter, repousser qqch	posponer (algo)
reporter un rendez-vous	posponer una cita
compagnie d'assurances	seguro/empresa de seguros
s'occuper de qqn	ocuparse de (algo o alguien)
s'occuper des malades	ocuparse de los enfermos
promettre qqch à qqn	prometer (algo a alguien)
promettre une augmentation de salaire à un collaborateur	prometer una subida salarial a los trabajadores/colaboradores
contrat	contrato
compléter qqch	completar (algo)
Complétez les phrases.	Complete las frases.
carte de visite	tarjeta de visita
remettre/collecter une carte de visite	dar, recibir una tarjeta de visita
visualiser, illustrer qqch	visualizar (algo)
illustrer les propositions de réalisation avec des photos	visualizar propuestas de organización mediante fotos
université populaire	universidad popular
complètement, totalement	completamente, totalmente
prévu, prévisionnel	provisional
présentation (d'une personne)	concepción, idea
présentation (d'une personne)	concepción, idea
préfixe téléphonique	preselección
cadeau de Noël	regalo de Navidad

die **Weitergabe**, -n	transmission, transfer
Weitergabe von Informationen	transmission of information
die **Weiterleitung**	(the action of) forwarding
die Weiterleitung eines Auftrages/einer E-Mail	transmitting, passing on a task/forwarding an e-mail
das **Weißbier**	wheat beer
die **Werbefirma**, die Firmen	advertising company
wiegen [er wog, er hat gewogen]	to weigh
Ingrid wiegt zu wenig.	Ingrid weighs too little.
wirken [er wirkte, er hat gewirkt]	to have/make an affect
anziehend wirken	to appear appealing, to have an attractive effect
der **Zeuge**, -n	witness
zunehmen [er nimmt zu, er nahm zu, er hat zugenommen]	to put on weight
zurückrufen [er rief zurück, er hat zurückgerufen] + A	to call sb back
zuverlässig	reliable

▧ Kapitel 2: Teil B   ▧ Chapter 2: Part B

abbrechen [er bricht ab, er brach ab, er hat abgebrochen] + A	to abandon, to quit sth
das Studium abbrechen	to quit the studies
die **Absicherung**, -en	protection
soziale Absicherung	social coverage
die **Analyse**, -n	analysis
analytisch	analytic
anerkannt	recognized, well-known
ein anerkanntes Unternehmen	a well-known enterprise
der **Anhang**, ⁻e	annex
anhängen [er hängte an, er hat angehängt] + D + A	to attach sth to sth
einer E-Mail Werbung anhängen	to attach an advertisement to the e-mail
die **Anwaltskanzlei**, -en	lawyer's office
das **Arbeitsgebiet**, -e	work area
das **Arzneimittel**, -	medicine, drug
der **Arzneimittelhersteller**, -	drugmaker, pharmaceutical company
aufgrund + G	due to sth, on the basis of sth
aufgrund meiner Erfahrung	on the basis of my experience
ausgebildet	skilled, trained
das **Aussehen**	look, appearance
sich **beklagen** [er beklagte sich, er hat sich beklagt] über + A	to complain about sth/sb
sich über die schlechte Qualität der Bewerbungen beklagen	to complain about the bad quality of advertisements
der **Berufsabschluss**, ⁻e	vocational training qualification
die **Berufsausbildung**, -en	vocational training
beschließen [er beschloss, er hat beschlossen]	to decide
Sie hat beschlossen, sich um den Job zu bewerben.	She decided to apply for the job.
besitzen [er besaß, er hat besessen] + A	to own, to possess sth
gute Kenntnisse in einem Bereich besitzen	to have good knowledge in a field

transmission	transmisión
transmission des informations	transmisión de información
transfert	transmisión
le transfert d'un contrat/d'un courriel	transmisión/reenvío de una tarea/de un E-mail
bière blanche	cerveza blanca
agence de publicité	agencia de publicidad
peser	pesar
Ingrid pèse trop peu.	Ingrid pesa demasiado poco.
agir, paraître, faire effet	parecer
paraître attractif	parecer atractivo
témoin	testigo
prendre du poids	engordar
rappeler qqn	devolver la llamada (a alguien)
fiable	fiable

▪ Chapitre 2 : Partie B ▪ Capítulo 2: Parte B

interrompre, abandonner qqch	interrumpir, abandonar (algo)
abandonner ses études	interrumpir los estudios
protection	protección, cobertura
couverture sociale	cobertura social
analyse	análisis
analytique	analítico
reconnu	reconocido
une entreprise reconnue	empresa reconocida
annexe	anexo
joindre qqch à qqch	adjuntar (algo a algo)
joindre une annonce publicitaire à un courriel	adjuntar un anuncio publicitario a un e-mail
cabinet d'avocats	buffete/despacho de abogados
domaine de travail	área de trabajo
médicament	medicina
laboratoire pharmaceutique	laboratorio farmacéutico
dû à qqch, en raison de qqch	a causa de, por razón de (algo)
en raison de mes expériences	por razón de mi experiencia
qualifié	cualificado, educado
apparence	apariencia
se plaindre de qqch/qqn	quejarse (de algo)
se plaindre de la mauvaise qualité des candidatures	quejarse de la mala calidad de las candidaturas
diplôme de formation professionnelle	diploma profesional
formation professionnelle	formación profesional
décider	decidir
Elle a décidé de présenter sa candidature à ce poste.	Ella ha decidido presentar su candidatura para el puesto de trabajo.
posséder qqch	poseer, tener (algo)
posséder de connaissances profondes dans un domaine	poseer buenos conocimientos de este área

der **Betreff**	subject
die **Betreuung**	support, care
die Betreuung der Mitarbeiter	the support of co-workers
betriebseigen	in-house
betriebseigene Software	in-house software
das **Betriebssystem**, -e	operating system
der **Betriebswirt**, -e	bachelor/master of business administration
die **Betriebswirtschaftslehre**	business administration, managerial economics
der **Bewerber**, -	applicant, candidate
die **Bewerbung**, -en	application, candidature
das **Bewerbungsanschreiben**, -	letter of motivation
die **Bewerbungsunterlage**, -n	application (paper)
die **Briefpost**	(regular) mail
der **Chip**, -s	chip
das **Dateiformat**, -e	file format
die **Datenmenge**, -n	data amount, data volume
das **Datenvolumen**, -	data volume
die **Dienstleistung**, -en	services
die **Eignung**, -en	aptitude, qualification
einflussreich	influential
einbringen [er brachte ein, er hat eingebracht] + A	to add sth
seine Ideen ins Projekt einbringen	to contribute/add his ideas to the project
elektronisch	electronic
entnehmen [er entnimmt, er entnahm, er hat entnommen] + D	to be able to see from sth
Wie Sie meinen Bewerbungsunterlagen entnehmen können, …	As you can see from my application, …
die **Erarbeitung**	development, creation
erfüllen [er erfüllte, er hat erfüllt] + A	to fulfill sth, to comply with sth
bestimmte Voraussetzungen erfüllen	to comply with certain requirements
ergebnisorientiert	result-oriented
ergebnisorientiert arbeiten	to work in a result-oriented way
erstellen [er erstellte, er hat erstellt] + A	to create, to develop sth
ein neues Marketingkonzept erstellen	to develop a new marketing concept
die **Erstellung**, -en	creation, development
die Erstellung eines Konzepts	development of a new concept
erstmal	for the time being
die **Erwartung**, -en	expectation
die Erwartungen erfüllen	to meet one's expectations
das **Fachwissen**	expert knowledge
die **Flexibilität**	flexibility
das **Format**, -e	format
im Word-Format	in Word format
die **Formatierung**, -en	formatting
die **Fremdsprachenkenntnisse** (Pl.)	knowledge of foreign languages
führend	leading
ein führendes Unternehmen	a leading enterprise in its field

objet	asunto
soutien, aide	cuidado, soporte, ayuda
soutien des employés de l'entreprise	ayuda, asistencia a los trabajadores
ce qui appartient à l'entreprise	propietario (que pertenece a una empresa)
logiciel appartenant à/propriété de l'entreprise	software propietario
système d'exploitation	sistema de gestión/operativo
diplômé en gestion	gestor
études en gestion d'entreprise	estudios de gestión
candidat	candidato
candidature, demande d'emploi	candidatura
lettre de motivation	carta de motivación
dossier de candidature	dossier de candidatura, de solicitud (de trabajo)
courrier	correo
chip	chip
format de données	formato de datos
quantité de données	cantidad de datos
volume de données	volumen de datos
service	servicio
aptitude	aptitud, habilitación
influent	influyente
apporter qqch	aportar (algo)
apporter ses idées au projet	aportar sus ideas al proyecto
électronique	electrónico
déduire qqch de qqch, voir qqch dans qqch	deducir (de algo)
Comme vous pouvez le voir dans mon	Como puede Vd. deducir de mi dossier de
dossier de candidature, …	candidatura …
élaboration	elaboración
remplir, satisfaire qqch	cumplir, satisfacer (algo)
satisfaire certaines conditions requises	satisfacer ciertas condiciones
orienté résultats	orientado a resultados
adopter une démarche orientée résultats	trabajar orientado a objetivos
établir, développer qqch	desarrollar, establecer
développer un nouveau concept de	desarrollar un nuevo concepto de
marketing	márketing
développement, création	desarrollo, creación
développement d'un concept	desarrollar un concepto
d'abord	primeramente
attente	expectativa
satisfaire les attentes	satisfacer las expectativas
connaissances spécialisées	conocimiento especializado
flexibilité	flexibilidad
format	formato
au format-Word	en formato Word
formatage	formateado
connaissances de langues étrangères	conocimientos de lenguas extranjeras
dirigeant, leader	dirigente, líder
une entreprise leader dans son secteur	una empresa líder

German	English
gängig	current
gängige Datenformate	current file formats
gepackt	zipped
gepackte Dateien	zipped files
die **GmbH**	limited liability company
die **Halbtagsstelle**, -n	half-time job
die **Hausfrau**, -en	housewife, homemaker
die **Herausforderung**, -en	challenge
neue Herausforderungen suchen	to look for new challenges
die **Homepageerstellung**	home page design
der **Ideenreichtum**	inventiveness
die **Immobilie**, -n	real property
die **Immobilienfirma**, die Firmen	real estate agency
jahrelang	for years, long lasting
jahrelange Erfahrung	experience of many years
die **Kompetenz**, -en	competence
die **Kontrolle**, -n	control
konzeptionell	conceptual
die **Kostensenkung**, -en	lowering of costs
die **Lebensversicherung**, -en	life insurance
die **Leistungsbereitschaft**	motivation, willingness to perform
das **Leseverstehen**	reading comprehension
die **Lieblingsbeschäftigung**, -en	favourite pasttime/occupation
lösungsorientiert	solution-oriented
lösungsorientiert arbeiten	to work in a solution-oriented way
die **Marketinganalyse**, -n	marketing analysis
der **Mobilfunk**	mobile radio
nebenbei	by the way
das **Nebeneinkommen**, -	additional income
das **Passbild**, -er	passport photograph
das **Personal**	personnel, staff
der **Personalchef**, -s	staff manager
persönlich	personally
das **Pharmazeutikum**, die Pharmazeutika	pharmaceutical product
die **Position**, -en	position
eine einflussreiche Position	position of influence
die **Programmierung**	programming
der **Projektleiter**, -	project leader
die **Referenz**, -en	reference
reichen [es reichte, es hat gereicht]	to last, to be enough
Mein Stipendium reicht nicht.	My scholarship is not enough.
die **Sammeladresse**, -n	collective address
die **Schulung**, -en	schooling, education
das **Selbstbewusstsein**	self-esteem, self-confidence
seriös	serious
eine seriöse E-Mail-Adresse	a serious e-mail address
sichern [er sicherte, er hat gesichert] + A	to assure sth
sich ein Nebeneinkommen sichern	to assure oneself an additional income

courant	habitual, actual
format de données courant	formato actual de datos
comprimé	comprimido
des fichiers comprimés	fichero de datos comprimido
société à responsabilité limitée	sociedad de responsabilidad limitada
poste à mi-temps	puesto a tiempo parcial
femme au foyer	ama de casa
défi	requerimiento
chercher de nouveaux défis	buscar nuevos requerimientos desafíos
mise au point de la page d'accueil	creación de la página de inicio
abondance d'idées	abundancia de ideas
(bien) immeuble	(bien) inmueble
agence immobilière	inmobiliaria
de plusieurs années	de varios años
expérience de plusieurs années	experiencia de varios años
compétence	competencia
contrôle	control
qui a des capacités d'abstraction	conceptual
baisse de prix	reducción de costes
assurance vie	seguro de vida
motivation, engagement professionnel	motivación, compromiso profesional
exercice de (compréhension de) lecture	comprensión lectora
activité préférée	actividad preferida
orienté vers la solution	orientado a soluciones
adopter une démarche orientée vers la solution	trabajar orientado a soluciones
analyse de marketing	análisis de márketing
radiocommunication	comunicación celular
en passant	adicional, colateral
revenu accessoire	ingresos adicionales
photo de passeport	foto de pasaporte
personnel	personal (subst)
chef du personnel	jefe de personal
personnel(lement)	personalmente
produit pharmaceutique	producto farmacéutico
position	posición
une position influente	una posición influyente
programmation	programación
responsable de projet	director, jefe de proyector
référence	referencia
suffire	ser suficiente
Ma bourse ne suffisait pas.	Mi beca no es suficiente.
adresse collective	dirección común
formation, scolarisation	formación, escolarización
confiance en soi	confianza en sí mismo
sérieux	serio
une adresse de courriel sérieuse	una dirección e-mail seria
assurer, garantir qqch	asegurars, garantizar (algo)
s'assurer un revenu accessoire	asegurarse unos ingresos adicionales

sonstig-	other
sonstige Kenntnisse	other skills
sich **spezialisieren** [er spezialisierte sich, er hat sich spezialisiert] auf + A	to specialize in sth
sich auf Strafrecht spezialisieren	to specialize in criminal law
das **Stipendium**, die Stipendien	scholarship
das **Strafrecht**	criminal law
strukturieren [er strukturierte, er hat strukturiert] + A	to structure sth
einen Lebenslauf strukturieren	to structure a resume
strukturiert	structured
ein gut strukturierter Lebenslauf	a well structured resume
die **Teamarbeit**	team work
der **Teamleiter**, -	team leader
der **Telefonist**, -en	telephone operator
das **Telemarketing**	telemarketing
die **Testfrage**, -n	test question
die **Topverkäuferin**, -nen	top seller
der **Trick**, -s	trick
überschreiten [er überschritt, er hat überschritten] + A	to exceed sth
2 MB nicht überschreiten	not to exceed 2 MB
ungebunden	here: flexible
zeitlich ungebunden arbeiten	to work flexible hours
ungekündigt	here: permanent
in ungekündigter Stellung arbeiten	to have a permanent job
unvollständig	incomplete
unvollständige Unterlagen	incomplete application
die **Verantwortung**	responsibility
verantwortungsvoll	responsible, accountable
die **Verfügung**	disposition
jemandem zur Verfügung stehen	to be available for sb
verschicken [er verschickte, er hat verschickt] + A	to send sth
eine E-Mail verschicken	to send an e-mail
versenden [er versendete, er hat versendet] + A	to send sth
gepackte Dateien versenden	to send zipped files
die **Versicherungsgesellschaft**, -en	insurance company
das **Versicherungsvertragsrecht**	insurance contract law
die **Voraussetzung**, -en	precondition, prerequisite
vorgeben [er gibt vor, er gab vor, er hat vorgegeben] + A	to give, to provide sth
einen Beispielsatz vorgeben	to give an example
vorgegeben	preset, provided
das **Wohngebiet**, -e	residential area
die **Zeile**, -n	line
zukünftig	future
zusagen [er sagte zu, er hat zugesagt] + D	to appeal to sb
Sollten Ihnen meine Bewerbungsunter-lagen zusagen, …	Should my application appeal to you, …
zuständig	in charge, responsible
der zuständige Mitarbeiter	the co-worker in charge

autre	otros
d'autres connaissances	otros conocimientos
se spécialiser en qqch	especializarse en (algo)
se spécialiser en droit criminel	especializarse en Derecho Penal
bourse	beca
droit pénal	Derecho Penal
structurer qqch	estructurar (algo)
structurer un curriculum vitae	estructurar un curriculum vitae
structuré	estructurado
un CV bien structuré	un CV bien estructurado
travail en équipe	trabajo en equipo
chef d'équipe	jefe de equipo
téléphoniste	telefonista
télémárketing	telemárketing
question de test	cuestión de test
vendeuse de haut niveau	vendedora de alto nivel
truc	truco
surpasser, dépasser qqch	sobrepasar (algo)
ne pas dépasser les 2 Mo	no sobrepasar los 2 MB
libre	sin ataduras, libre
travailler sans horaires fixes	trabajar sin horarios
à durée indéterminée	de duración indeterminada
avoir un emploi à durée indéterminée	tener un trabajo de duración indeterminada
incomplet	incompleta
dossier incomplet	documentación incompleta
responsabilité	responsabilidad
responsable	responsable
disposition	disposición
être à la disposition de qqn	estar/ponerse a disposición de alguien
envoyer qqch	enviar (algo)
envoyer un courriel	enviar un e-mail
expédier qqch	enviar (algo)
expédier des fichiers comprimés	enviar ficheros de datos comprimidos
compagnie d'assurance(s)	compañía de seguros
droit de contrat d'assurance	derecho del contrato de seguro
condition préalable, prémisse	condición, premisa
donner qqch	dar, presentar
donner un exemple de phrase	dar una frase de ejemplo
donné, imposé	predeterminado
zone résidentielle	zona residencial
ligne	línea
futur	futuro (adj)
plaire, convenir à qqn	convenir, agradar, aceptar
Au cas où mon dossier de candidature	En caso de que mi candidatura le sea
vous intéresserait …	conveniente …
compétent, responsable	competente
le collaborateur compétent	el trabajador competente

zustellen [er stellte zu, er hat zugestellt] + D + A
  (den Einwohnern) die Post zustellen
die **Zustellung**, -en
die **Zweigstelle**, -n

to deliver sth
  to deliver the mail (to the residents)
delivery
branch

▦ Kapitel 3: Teile A, C und D

▦ Chapter 3: Parts A, C and D

abbrechen [er bricht ab, er brachte ab,
    er hat abgebrochen] + A
  ein Gespräch abbrechen
das **Abenteuer**, -
abschreiben [er schrieb ab, er hat abgeschrieben] + A
  einen Text mit der Hand abschreiben
die **Abschrift**, -en
absprechen [er spricht ab, er sprach ab,
    er hat abgesprochen] + A
  die Preise absprechen
abstimmen [er stimmte ab, er hat abgestimmt] + A, auf + A
  das Fernsehprogramm auf eine Zielgruppe
  abstimmen
die **Alphabetisierung**
sich (D) **anhören** [er hörte sich an, er hat sich angehört] + A
  Die Lesung will ich mir unbedingt anhören.
anschaulich
  anschauliche Beispiele
sich (D) **ansehen** [er sieht an, er sah an,
    er hat angesehen] + A
  Diesen Film will ich mir unbedingt ansehen.
anstatt ... zu ...
sich (D) **anziehen** [er zog sich an, er hat sich angezogen] + A
  Zieh dir eine warme Jacke an.
der **Apotheker**, -
der **Argumentationsgang**, ⁻e
die **Arztserie**, -n
aufführen [er führte auf, er hat aufgeführt] + A
  ein Theaterstück aufführen
die **Auflage**, -n
  eine Auflage von 3000 Exemplaren
aufleben lassen [er lässt aufleben, er ließ aufleben,
    er hat aufleben lassen] + A
aufregend
der **Aufsatz**, ⁻e
sich (D) **ausdenken** [er dachte aus, er hat sich ausgedacht] + A
  Ich denke mir eine Geschichte aus.
auseinandernehmen [er nimmt auseinander,
    er nahm auseinander, er hat auseinandergenommen] + A
aussehen [er sieht aus, er sah aus, er hat ausgesehen]
  Das Programm sieht folgendermaßen aus: ...

to interrupt sth

  to interrupt a conversation
adventure
to copy sth
  to copy a text by hand
copy, transcript
to agree on sth

  to agree on a price
to adjust sth to sth/sb
  to adjust the TV program to a target group

alphabetisation
to listen to sth
  I will certainly listen to that lecture.
clear
  clear examples
to watch sth

  I will certainly watch this film.
instead of
to put on sth
  Put on a warm jacket.
pharmacist
argumentation process
medical/hospital series
to perform sth, to put sth on stage
  to put a theatre play on stage
edition, run
  a 3000 copy print run
to revive, to resurrect sth

exciting
essay
to invent, to make up sth
  I make up a story.
to take apart, to decompose sth

to look
  The program looks as follows: ...

livrer, distribuer qqch à qqn	distribuir (algo a alguien)
distribuer le courrier (aux habitants)	distribuir el correo a los vecinos
distribution, remise (du courrier)	distribución
bureau auxiliaire	sucursal, filial

▪ Chapitre 3 : Partie A, C et D

▪ Capítulo 3: Partes A,C y D

interrompre, abandonner qqch	interrumpir (algo)
interrompre une conversation	interrumpir una conversación
aventure	aventura
copier, transcrire qqch	transcribir (algo)
copier un texte à la main	transcribir un texto a mano
copie, transcription	transcripción
se mettre d'accord sur qqch	acordar (algo)
se mettre d'accord sur les prix	acordar los precios
adapter qqch à qqn	adaptar (algo) a (algo, alguien)
adapter le programme de télévision à un groupe cible	adaptar el programa de televisión a un grupo objetivo
alphabétisation	alfabetización
écouter qqch	escuchar, atender (algo)
Je vais sûrement écouter la lecture.	Quiero atender a la charla de todas todas.
clair, parlant	ilustrativo, claro
des exemples clairs	ejemplos ilustrativos
voir qqch, aller voir qqch	ver, ir a ver (algo)
Je vais sûrement aller voir ce film.	Esta película no me la quiero perder.
au lieu de qqch/qqn	en lugar de
s'habiller	vestirse (con algo), ponerse (algo)
Mets une veste chaude.	Ponte una chaqueta de invierno.
pharmacien	farmacéutico, boticario
cheminement de l'argumentation	flujo argumentativo
série médicale	serie de médicos
mettre en scène qqch	poner en escena, llevar a cabo, expresar (algo)
mettre en scène une pièce de théâtre	poner una pieza de teatro en escena
édition, tirage	tirada
un tirage à 3000 exemplaires	una tirada de 3000 ejemplares
faire renaître, ressusciter qqch	revivir
excitant	excitante
rédaction, composition	redacción
inventer, imaginer qqch	inventarse (algo)
J'invente une histoire.	Me invento una historia.
démonter, défaire qqch	Desmontar, deshacer (algo)
sembler, avoir l'air	parecer, se presenta
Le programme se présente comme suit.	El programa se presenta de la siguiente manera:

Deutsch	English
auskommen [er kam aus, er ist ausgekommen]	to get along, to manage to live
ohne Bücher nicht auskommen können	not to be able to do without books
das **Auslandsjournal**, -e	foreign news, international news
der **Auslandskorrespondent**, -en	foreign correspondent
der **Auslandsreporter**, -	foreign reporter
auswechseln [er wechselte aus, er hat ausgewechselt] + A	to change, to replace sth
die Glühbirne auswechseln	to replace the light bulb
der **Bankräuber**, -	bank robber
bedecken [er bedeckte, er hat bedeckt] + A	to cover sth
einen Teil der Erde bedecken	to cover a part of the Earth
bedienen [er bediente, er hat bedient] + A	to serve sb
eine Zielgruppe bedienen	to serve a target group
bedrohen [er bedrohte, er hat bedroht] + A	to threaten sth/sb
einen Menschen bedrohen	to threaten a person
bedroht von + D	threatened by sth/sb
von Wölfen bedroht	threatened by wolves
die **Bedrohung**, -en	threat
begabt	gifted, talented
der **Beitrag**, ̈e, zu + D	contribution
einen Beitrag zur Alphabetisierung leisten	to contribute to the alphabetisation
beitragen [er trägt bei, er trug bei, er hat beigetragen] zu + D	to contribute to sth
bemerken [er bemerkte, er hat bemerkt] + A	to note, to remark sth
beseitigen [er beseitigte, er hat beseitigt] + A	to eliminate sth
Schäden beseitigen	to eliminate the damage, to recover losses
der **Bestseller**, -	bestseller
beweglich	mobile, movable
bewegliche Lettern	movable characters
sich **beziehen** [er bezog sich, er hat sich bezogen] auf + A	to refer to sth, to correspond to sth
die **Bibel**	Bible
der **Bierbrauer**, -	brewer
die **Boutique**, -n	boutique
die **Buchauswahl**	choice of books
der **Buchdruck**	book printing
der **Bücherwurm**, ̈er	book worm
buchresistent	book-resistant
die **Buchrezension**, -en	book review
der **Dachdecker**, -	roofer
der **Dämon**, -en	daemon
die **Dekoration**, -en	decoration
der **Denker**, -	thinker
der **Diamantendieb**, -e	diamond thief
der **Dichter**, -	poet
die **Disko**, -s (kurz für: Diskothek)	disco
die **Dokumentation**, -en	documentation
der **Dramatiker**, -	playwright
das **Druckelement**, -e	typographical element
ehrgeizig	ambitious

passer, tirer	pasar
ne pas pouvoir se passer des livres	no poder pasar sin libros
informations internationales	periódico extranjero
correspondant à l'étranger	corresponsal extranjero
journaliste à l'étranger	reportero extranjero
remplacer, changer qqch	cambiar (algo)
changer l'ampoule	cambiar la bombilla
braqueur de banque	atracador de bancos
couvrir qqch	cubrir (algo)
couvrir une partie de la Terre	cubrir una parte de la Tierra
servir qqch/qqn	servir (a algo)
servir un groupe cible	servir a un grupo objetivo
menacer qqch/qqn	amenazar (a alguien)
menacer un homme	amenazar a una persona
menacé par qqch/qqn	amenazado por (algo)
menacé par les loups	amenazado por lobos
menace	amenaza
doué	dotado
contribution à qqch	contribución a (algo)
contribuer à l'alphabétisation	contribuir a la alfabetización
contribuer à qqch	contribuir a (algo)
apercevoir, remarquer, noter qqch	remarcar, notar (algo)
éliminer qqch	reparar, eliminar (algo)
éliminer les dégâts	reparar los daños
best-seller	best-seller
mobile	móvil
des caractères (typographiques) mobiles	carácteres móviles
se reporter à qqch/qqn, concerner qqch/qqn	referirse a (algo)
Bible	la Biblia
brasseur	cervecero
boutique	boutique
choix des livres	oferta de libros
imprimerie	imprenta
rat de bibliothèque	rata de biblioteca
résistant à la lecture, qui n'aime pas lire	no proclive a los libros
recension de livre	crítica literaria
couvreur	cobertura, tejado
démon	demonio
décoration	decoración
penseur	pensador
voleur de diamants	ladrón de diamantes
poète	poeta
discothèque	discoteca
documentation	documentación
dramaturge	dramaturgo
élément de typographie	elemento de tipografía
ambitieux	ambicioso

einfallen [es fällt ein, es fiel ein, es ist eingefallen] + D	to come to one's mind
Was fällt Ihnen zum Thema Fernsehen ein?	What comes to your mind when you hear the word "television"?
der **Einschaltknopf**, -̈e	turn-on button
die **Einschaltquote**, -n	viewers' rate
das **Element**, -e	element
empfangen [er empfängt, er empfing, er hat empfangen] + A	to receive sth/sb
eine Nachricht empfangen	to receive a piece of news
einen Gast empfangen	to receive a visitor
entdecken [er entdeckte, er hat entdeckt] + A	to discover sth
Amerika entdecken	to discover America
die **Entdeckung**, -en	discovery
sich **entspannen** [er entspannte sich, er hat sich entspannt]	to relax
die **Entspannung**	relaxation
entstehen [er entstand, er ist entstanden]	to originate
Das Werk entstand 1420.	The work originated in 1420.
die **Entstehung**	origin, genesis
die **Epoche**, -n	period, age
die **Erde**	Earth
die **Erdoberfläche**	surface of the Earth
das **Erfolgsgesetz**, -e	law of success
ergebnislos	without result
ergebnislos verhandeln	to negotiate without any result
erlangen [er erlangte, er hat erlangt] + A	to obtain sth
Erfolg erlangen	to obtain success
erleben [er erlebte, er hat erlebt] + A	to live, to experience sth
ein Abenteuer erleben	to live an adventure
die **Erzählung**, -en	story
ewig	eternal
das **Exemplar**, -e	copy
die **Existenz**, -en	existence
existieren [er existierte, er hat existiert]	to exist
die **Expertenempfehlung**, -en	recommendation of experts
das **Fachbuch**, -̈er	reference book
das **Fachgebiet**, -e	specialty, field
feierlich	solemn
eine Ausstellung feierlich eröffnen	to solemnly inaugurate an exhibition
die **Fernbedienung**, -en	remote control
die **Fernsehgebühr**, -en	television licence fee
der **Fernsehkonsum**	television consumption
die **Fernsehsendung**, -en	TV programme
fernsehsüchtig	addicted to the TV
die **Fernsehzeitung**, -en	TV guide
festnehmen [er nimmt fest, er nahm fest, er hat festgenommen] + A	to arrest, to capture sb
einen Dieb festnehmen	to arrest a thief
die **Feuerwehr**, -en	fire fighters

venir à l'esprit de qqn	venir a la mente (a alguien)
Qu'est-ce qui vous vient à l'esprit à propos de la télévision ?	¿Qué les viene a la mente sobre el tema de la Televisión?
bouton de mise en marche	botón de encendido
taux d'audience	cuota de audiencia
élément	elemento
recevoir qqch/qqn	recibir (algo)
recevoir une nouvelle	recibir una noticia
recevoir un invité	recibir a un huésped, un invitado
découvrir qqch	descubrir (algo)
découvrir l'Amérique	descubrir América
découverte	descubrimiento
se relaxer, se détendre	relajarse
relaxation	relajación
se produire, naître, dater	aparecer
L'œuvre date de 1420.	La obra apareció en 1420.
naissance, origine	origen, nacimiento, aparición
époque	época
Terre	Tierra
surface de la Terre	superficie terrestre
recette du succès	receta para el éxito
sans résultat	sin resultados
négocier sans résultats	negociar sin resultados
obtenir, acquérir qqch	conseguir (algo)
obtenir des réussites	conseguir/cosechar éxitos
vivre qqch	vivir (algo)
vivre une aventure	vivir la abentura
récit	cuento
éternel	eterno
exemplaire	ejemplar
existence	existencia
exister	existir
recommandation des experts	recomendación de los expertos
livre spécialisé, livre technique	libro especializado
spécialité, domaine technique	especialidad, dominio técnico
solennel	festivamente
inaugurer solennellement une exposition	inaugurar una exposición de manera festiva
télécommande	mando a distancia
redevance TV	impuesto de televisión
utilisation de la télévision	consumo de televisión
émission de télévision	emisión de televisión
dépendant de la télévision	adicto a la televisión
magazine de télé	revista de televisión
arrêter qqn	atrapar (algo, a alguien)
arrêter un voleur	atrapar a un ladrón
corps de pompiers	cuerpo de bomberos

folgendermaßen	as follows
Unser Programm sieht folgendermaßen aus: …	Our program looks as follows: …
das **Format**, -e	format
im MP3-Format	in MP3 format
freiwillig	volunteer
ein freiwilliger Mitarbeiter	a volunteer
die **Gattung**, -en	genre, style
gegen + A	against sth
ein Held gegen seinen Willen	a hero against his will
gegenwärtig	current, present
die **Gegenwartsliteratur**	contemporary literature
das **Geheimnis**, -se	secret
der **Geist**, -er	mind, spirit
der **Germanist**, -en	specialist in German studies
geschichtlich	historical
ein geschichtliches Ereignis	a historical event
das **Gesetz**, -e	law
getrocknet	dried
getrocknetes Obst	dried fruit
die **Gewerkschaft**, -en	Union
gierig	greedy
gierig lesen	to read passionately
gießen [er goss, er hat gegossen] + A	to pour, to cast sth
Bilder gießen	to cast a picture
greifen [er griff, er hat gegriffen] zu + D	to grab sth
zur TV-Bedienung greifen	to grab the remote control
der **Grundgedanke**, -n	fundamental idea
der **Gruppenvertreter**, -	group representant
gucken [er guckte, er hat geguckt] + A	to watch sth, to look at sth
die **Handschrift**, -en	handwriting
das **Heinzelmännchen**, -	little dwarfs (German fairy tale figures)
die **Herstellung**, -en	production, fabrication, manufacture
hervorgehen [er ging hervor, er ist hervorgegangen]	here: to show
Aus der Grafik geht hervor, dass …	The graphics show …
hierherkommen [er kam hierher, er ist hierhergekommen]	to come here
der **Höhepunkt**, -e	peak, height
auf dem Höhepunkt seiner Karriere	at the peak of his career
der **Holzdruck**	wood print
der **Hotelbetreiber**, -	hotel manager
die **Hypothese**, -n	hypothesis
die **Inhaltsangabe**, -n	summary
innerhalb + G	within sth
innerhalb weniger Jahre	within a few years
die **Inquisition**	Inquisition
der **Inquisitionsprozess**, -e	Inquisition process
irgendwie	somehow, for some reason
Ich fühle mich irgendwie gestresst.	I feel stressed for some reason.

de la manière suivante	de la siguiente manera
Notre programme se présente comme suit.	Nuestro programa se presenta de la siguiente manera:
format	formato
au format MP3	en formato MP3
volontaire, bénévole	voluntario
un collaborateur bénévole	trabajador voluntario
genre	cónyuge
contre qqch/qqn	contra (algo)
un héros malgré lui	un héroe a su pesar
présent, contemporain	actual, presente, contemporáneo
littérature contemporaine	literatura contemporánea
secret	secreto
esprit	espíritu
germaniste	germanista
historique	histórico
un événement historique	un suceso histórico
loi	ley
sec, séché	seco
fruit sec	fruto seco
syndicat	sindicato
avide	ávido
lire avec acharnement	leer ávidamente
mouler, verser qqch	verter (algo)
mouler des images	verter imágenes
attraper, prendre qqch	atrapar, coger (algo)
prendre la télécommande	coger el mando a distancia
pensée fondamentale	pensamiento fundamental
représentant de groupe	representante de grupo
regarder qqch/qqn	mirar (algo)
écriture (à la main)	escritura
petit nain	enanito
fabrication, production	producción, fabricación
ressortir	salir, avanzar, partir hacia
Le graphique montre que …	En el gráfico se aprecia que …
venir ici	venir aquí
pic, sommet	punto álgido
au point culminant de sa carrière	en el punto álgido de su carrera
gravure sur bois	impresión en madera
gérant d'hôtel	director del hotel
hypothèse	hipótesis
résumé	resumen
en qqch	dentro de (algo)
en quelques années	dentro de algunos años
Inquisition	La Inquisición
procès de l'Inquisition	proceso inquisitorial
d'une manière ou d'une autre	de alguna manera
Je me sens quelque peu stressé.	Estoy un tanto estresado.

German	English
irreal	unreal
der **Kaufmann**, die Kaufleute	merchant, businessman
kehren [er kehrte, er hat gekehrt] + A	to sweep sth
die Treppe kehren	to sweep the stairs
kennzeichnen [er kennzeichnete, er hat gekennzeichnet] + A	to characterize sth/sb
Was kennzeichnet das Mittelalter?	What characterizes the Middle Ages?
die **Kindersendung**, -en	children's broadcast
kirchlich	ecclesiastic
kirchliche Reformen	ecclesiastic reforms
die **Kiste**, -n	box
eine Kiste Bücher	a box of books
das **Kloster**, -	convent, monastery
der **Kommentar**, -e	comment
konsumieren [er konsumierte, er hat konsumiert] + A	to consume sth
Bücher konsumieren	to consume/read books
kopieren [er kopierte, er hat kopiert] + A	to copy sth
Bücher kopieren	to copy books
kostbar	precious, valuable
kostbares Pergament	valuable parchment
das **Kraut**, ̈-er	herb
der **Krieg**, -e	war
das **Krisengebiet**, -e	conflict area
der **Kritiker**, -	critic
der **Kunstschatz**, ̈-e	art treasure
kursorisch	cursory, diagonal
kursorisches Lesen	diagonal reading, scanning
das **Länderspiel**, -e	international game
die **Leiche**, -n	cadaver, corpse
leisten [er leistete, er hat geleistet] + A	to make a contribution to sth
einen wichtigen Beitrag zur Alphabetisierung leisten	to make an important contribution to the alphabetisation
der **Leser**, -	reader
die **Leseratte**, -n	book worm
die **Lesergruppe**, -n	group of readers
die **Lesestrategie**, -n	reading strategy
die **Lesetechnik**, -en	reading technique
die **Letter**, -n	character
eine bewegliche Letter	movable character
die **Linie**, -n	line
in erster Linie	first of all
literarisch	literary
ein literarischer Stil	a literary style
der **Literaturkritiker**, -	literary critic
locker	informal, easily accessible
lockere Sprache	easily accessible language
der **Magier**, -	magician
der **Marktanteil**, -e	market share

irréel	irreal
commerçant, marchand	comercial
balayer qqch	dar la vuelta, barrer
balayer l'escalier	barrer la escalera
caractériser qqch/qqn	caracterizar (algo)
Qu'est-ce qui caractérise le Moyen Age ?	¿Qué caracteriza la Edad Media?
émission pour enfants	emisión infantil
ecclésiastique	eclesial
des réformes ecclésiastiques	reformas eclesiásticas
caisse, boîte	caja
une caisse de livres	una caja de libros
cloître, monastère, couvent	claustro
commentaire	comentario, glosa
consommer qqch	consumir (algo)
consommer des livres	consumir libros
copier qqch	copiar (algo)
copier des livres	copiar libros
précieux	precioso, costoso
parchemin précieux	pergamino precioso
herbe	hierba aromática
guerre	guerra
zone de crise	zona de crisis
critique	crítico
trésor artistique	tesoro artístico
superficiel	superficial
lecture superficielle	lectura superficial
match international	juego internacional
cadavre	cadáver
effectuer qqch	efectuar, aportar (algo)
apporter une contribution importante à l'alphabétisation	efectuar/aportar una importante contribución a la alfabetización
lecteur	lector
rat de bibliothèque	rata de biblioteca
groupe de lecteurs	grupo de lectores
stratégie de lecture	estrategia de lectura
technique de lecture	técnica de lectura
lettre, caractère	letra, carácter
un caractère mobile	carácter móvil
ligne	línea
tout d'abord, en premier lieu	en primera línea
littéraire	literario
un style littéraire	un estilo literario
critique littéraire	crítico literario
décontracté, relâché	relajado, fácil, holgado
langage familier	lenguaje familiar, relajado
mage, magicien	mago
part du marché	parte, sector del mercado

die **Medienrevolution**, -en	media revolution
die **Meeresoberfläche**, -n	sea surface
das **Meisterwerk**, -e	masterpiece
der **Menschenjäger**, -	man hunter
sich **merken** [er merkte sich, er hat sich gemerkt] + A	to memorize sth
Merken Sie sich die Regeln.	Memorize/Learn the rules.
die **Millionenauflage**, -n	a million copy print run
der **Nachrichtensprecher**, -	news reader
die **Näherin**, -nen	seamstress
der **Nichtleser**, -	non-reader
die **Nonne**, -n	nun
die **Oberfläche**, -n	surface
öffentlich-rechtlich	public
öffentlich-rechtliche Fernsehsender	public television channel
das **Olympiastadion**, die Stadien	Olympic stadium
der **Ordner**, -	folder
das **Paket**, -e	package, parcel
das Paket abschicken	to send off the parcel
das **Papier**, -e	paper
das **Pergament**, -e	parchment
die **Pforte**, -n	gate
der **Pionier**, -e	pioneer, trailblazer
polit-	polit(ical)
das Polit-Magazin	political magazine, political talkshow
populärwissenschaftlich	popular science
ein populärwissenschaftlicher Text	a popular science text
die **Postmoderne**	postmodern
der **Premierminister**, -	Prime Minister
der **Profikoch**, ⸚e	professional cook
der **Programmdirektor**, -en	head of programming
der **Programmgestalter**, -	programme designer
programmierbar	programmable
ein programmierbarer Computer	a programmable computer
prominent	prominent
prominente Menschen	prominent people, VIP
der/die **Prominente**, -n (adjektivisch dekliniert)	prominent, VIP (to decline as an adjective)
die **Prozentanzahl**, -en	percentage
das **Querlesen**	diagonal reading
die **Quote**, -n	quota
der **Rasen**	lawn
den Rasen schneiden	to mow the lawn
rauben [er raubte, er hat geraubt] + D + A	to rob sb of sth
Das Fernsehen raubt den Menschen die Zeit.	Television robs people of their time.
der **Reaktor**, -en	nuclear reactor
der **Redakteur**, -e	editor
die **Reform**, -en	reform
reformieren [er reformierte, er hat reformiert] + A	to reform sth

révolution médiatique	revolución mediática
surface de la mer	superficie del mar
chef d'œuvre	obra maestra
chasseur d'hommes	caza del hombre
retenir qqch	prestar atención, retener (algo)
Retenez les règles.	Presten atención a las normas.
tirage à plusieurs millions d'exemplaires	tirada de millones de ejemplares
présentateur (de journal télévisé)	presentador de noticias
couturière	costurera
personne qui ne lit pas	no lector
nonne	monja
surface	superficie
de droit public, du secteur public	del sector público
chaîne public	cadena pública
stade olympique	estadio olímpico
classeur	clasificador
paquet	paquete
envoyer un paquet	enviar un paquete
papier	papel
parchemin	pergamino
porte	puerta
pionnier	pionero
politique	político
magazine politique	el magacín político
de vulgarisation scientifique	de vulgarización científica
un texte de vulgarisation scientifique	un texto de divulgación científica
postmoderne	postmodernidad
premier ministre	el rimer ministro
cuisinier professionnel	cocinero profesional
directeur de programme	director de programa
programmateur	programador
programmable	programable
un ordinateur programmable	un ordenador programable
éminent, célèbre	prominente
gens célèbres	gente prominente
célébrité (décliné comme un adjectif)	celebridad, prominente (adjetivo declinado)
pourcentage	porcentaje
lecture en diagonal	lectura en diagonal
quota, taux	cuota
gazon	césped
tondre le gazon	cortar el césped
voler, perdre qqch à qqn	robar (a alguien algo)
La télévision vole le temps des gens.	La televisión le roba el tiempo a la gente.
réacteur	reactor
rédacteur	redactor
réforme	reforma
réformer qqch	reformar (algo)

die **Reihe**, -n	range, series
eine Reihe von Sendungen	a series of programmes
die **Reinigungsfirma**, die Firmen	cleaning company
das **Reisebuch**, ̈er	travel guide
der **Reiseprospekt**, -e	travel brochure
der **Rekord**, -e	record
einen Rekord zu verzeichnen haben	to have beaten a record
die **Reportage**, -n	reportage
resistent	resistant
der **Ritter**, -	knight
der **Rundfunk**	radio
das **Sachbuch**, ̈er	specialized book
das **Satzzeichen**, -	punctuation mark
die **Schatzinsel**, -n	treasure island
sich **scheiden** [sie schieden sich, sie haben sich geschieden]	to be divided, to differ
Die Geister scheiden sich.	Opinions are divided.
schicksalhaft	fateful
eine schicksalhafte Begegnung	a fateful encounter
schmeißen [er schmiss, er hat geschmissen] + A	to throw sth
den Fernseher auf den Müll schmeißen	to throw the TV set to the garbage mound
die **Schreibstube**, -n	office, scriptorium
der **Schutz**	protection
ein Gesetz zum Schutz der Kinder	Child Protection Act
der **Seeweg**, -e	sea route
selektiv	selective
selektives Lesen	selective reading
die **Sendezeit**, -en	airtime
der **Serienheld**, -en	series hero
die **Show**, -s	show
der **Showmaster**, -	show master
skurril	strange
spätabends	late night
der **Spielfilm**, -e	feature film
die **Spielfilmwiederholung**, -en	rebroadcasting of a feature film
die **Spielsendung**, -en	game show
spontan	spontaneous
Was fällt Ihnen spontan zum Thema Fernsehen ein?	What is the first thing that comes to your mind when you hear the word "television"?
der **Sportreporter**, -	sports reporter
die **Spur**, -en	trace, track
den Tätern auf der Spur sein	to be on the delinquent's tracks
stehlen [er stiehlt, er stahl, er hat gestohlen] + A	to steal sth
die **Steinzeit**	stone age
der **Stil**, -e	style
das **Streitthema**, die Themen	controversial topic
der **Stromanschluss**, ̈e	electric connection, electricity
der **Strom**, ̈e	flow
Es regnet in Strömen. (idiom.)	It's pouring. (idiom.)

série	serie
une série d'émissions	una serie de emisiones
compagnie de nettoyage	empresa de limpieza
livre de voyage, guide	guía turística, de viaje
prospectus touristique	prospecto turístico
record	récord
avoir battu un record	haber batido un récord
reportage	reportaje
résistent	resistente
chevalier	caballero, jinete
radio	radio
essai	libro especializado
signe de ponctuation	signo de puntuación
île au trésor	isla del tesoro
se séparer	separarse
Les opinions diffèrent.	Las opiniones divergen.
fatal, fatidique	fatal, fatídico
une rencontre fatale	un encuentro fatal
jeter, flanquer qqch	tirar, arrojar (algo)
jeter la télévision à la décharge	tirar el televisor a la basura
bureau, scriptorium	escritorio
protection	protección
une loi de protection des enfants	una ley de protección de menores
voie maritime	vía marítima
sélectif	selectivo
lecture sélective	lectura selectiva
heure de l'émission	tiempo de emisión
héros de série	héroe de la serie
show	espectáculo, show
animateur	presentador del espectáculo
bouffon	grotesco, extravagante
tard le soir	vespertino, tarde-noche
long métrage	película, largometraje
rediffusion de film	redifusión de la película
jeux télévisés	juegos televisados
spontané	espontáneo
Qu'est-ce qui vous vient spontanément à l'esprit à propos de la télévision ?	¿Qué le viene a la mente, de manera espontánea, sobre el tema la Televisión?
reporter sportif	corresponsal deportivo
trace	huella, traza
être sur les traces des coupables	estar sobre las huellas de los culpables
voler qqch	robar (algo)
âge de pierre	edad de piedra
style	estilo
sujet de débat	tema de debate
prise électrique	conexión eléctrica
courant	corriente
Il pleut à torrents. (idiom.)	Llueve a cántaros.

der **Studienplatz**, ⸚e	opportunity to study
sich um einen Studienplatz bewerben	to apply to university
der **Stuntman**, die Stuntmen	stuntman
synchronisieren [er synchronisierte,	to dub sth
er hat synchronisiert] + A	
einen Film synchronisieren	to dub a film
der **Talkmaster**, -	talkmaster, chat-show host
der **Täter**, -	delinquent, offender
der **Teenie**, -s	teenager
das **Tempo**	speed, pace
die **Textsorte**, -n	kind/type of text
der **Tierfilm**, -e	animal movie
der **Totalverweigerer**, -	person who refuses to do sth
überbieten [er überbot, er hat überboten] + A	to overbid sth
einen Preis überbieten	to overbid a price
überfliegen [er überflog, er hat überflogen] + A	to overfly, to skim sth
einen Text überfliegen	to skim a text
der **Übergang**, ⸚e	transition
der Übergang vom Mittelalter zur Neuzeit	the transition between the Middle Ages and the Modern Times
übernehmen [er übernimmt, er übernahm, er hat übernommen] + A	to take over sth
die Macht übernehmen	to take over the power
umsonst	in vain, for nothing
Ich bin umsonst hierhergekommen.	I have come for nothing.
unabhängig	independent
unglaublich	incredible, unbelievable
das **Unglück**, -e	misfortune
das **Universum**	universe
unscheinbar	unimpressive
der **Untertitel**, -	subtitle
ein Film mit Untertiteln	a film with subtitles
sich **verabreden** [er verabredete sich, er hat sich verabredet] zu + D	to make an appointment
sich zum Kino verabreden	to make plans to see a movie
das **Verbindungskabel**, -	connecting cable
verbreiten [er verbreitete, er hat verbreitet] + A	to diffuse, to spread sth
Bücher verbreiten	to spread books, to distribute books
die **Verbreitung**, -en	diffusion, spread
das **Verfahren**, -	procedure
verführen [er verführte, er hat verführt] + A	to seduce, to tempt sb
sich verführen lassen	to let oneself be seduced/tempted
der **Verlag**, -e	publishing house
sich **verletzen** [er verletzte sich, er hat sich verletzt]	to get hurt
vermutlich	probably, supposedly
veröffentlichen [er veröffentlichte, er hat veröffentlicht] + A	to publish sth
Bücher veröffentlichen	to publish books

Français	Español
place à l'université	plaza de estudios, en la universidad
postuler à l'université	presentar su candidatura para una plaza de estudiante
cascadeur	doble (actor)
doubler qqch	doblar, sincronizar (algo)
doubler un film	doblar una película
animateur de talk-show	presentador de un talk-show
délinquant, coupable	autor (de un delito)
ado(lescent)	adolescente
vitesse, tempo	velocidad
sorte de texte, genre de texte	tipo de texto, género de texto
film animalier	película de animales
qui refuse qqch radicalement	quien rechaza algo totalmente
surenchérir sur qqch	encarecer (algo)
proposer un prix plus haut	proponer un precio excesivo
survoler qqch	sobrevolar
survoler un texte	sobrevolar un texto, ojear un texto
transition	transición
la transition entre le Moyen Age et les Temps Modernes	la transición de la Edad Media a la Edad Moderna
prendre qqch	tomar (algo)
prendre le pouvoir	tomar el poder
en vain	en vano
Je suis venu ici en vain.	He venido en vano.
indépendant	independiente
incroyable	increíble
malheur	mala fortuna
univers	universo
de peu d'apparence, discret	discreto, apenas visible
sous-titre	subtítulo
un film sous-titré	una película con subtítulos
donner rendez-vous pour qqch	citarse, quedar (con alguien) para (algo)
se donner rendez-vous pour aller au cinéma	quedar para ir al cine
câble de connexion	cable de conexión
diffuser, propager qqch	difundir, propagar
diffusion de livres	difundir libros
diffusion	difusión
processus, procédé	proceso, método
allécher, séduire qqn	seducir (a alguien)
se laisser séduire	dejarse seducir
maison d'édition	editorial
se blesser	herirse, hacerse daño
vraisemblable, probable	supuestamente, posible,
publier qqch	publicar (algo)
publier des livres	publicar libros

sich (D) **verschaffen** [er verschaffte sich, er hat sich verschafft] + A	to get sth
Ich möchte mir einen Überblick verschaffen.	I would like to get an overview.
verschlingen [er verschlang, er hat verschlungen] + A	to gulp, to devour sth
ein Buch verschlingen	to devour a book
versetzen [er versetzte, er hat versetzt] + A	to displace, to transfer sth/sb
jemanden an einen anderen Ort versetzen	to transfer sb to another place
verständlich	understandable, comprehensible
in verständlicher Sprache	in a comprehensible language
vervielfältigen [er vervielfältigte, er hat vervielfältigt] + A	to copy, to multiply sth
die **Vervielfältigung**, -en	multiplication
die **Verwendung**, -en	application, use
verzeichnen [er verzeichnete, er hat verzeichnet] + A	here: to reach sth
einen Rekord an Besuchern zu verzeichnen haben	to have reached a new record for the number of visitors
der **Vielleser**, -	someone who reads a lot
sich **vollziehen** [er vollzog sich, er hat sich vollzogen]	to take place
Es vollzogen sich politische Veränderungen.	Political changes took place.
vorlesen [er liest vor, er las vor, er hat vorgelesen]	to read (loud)
aus einem Roman vorlesen	to read from a novel
der/die **Vorgesetzte** (adjektivisch dekliniert)	boss, supervisor (declined as an adjective)
vorsichtig	cautious, careful
vorsichtig fahren	to drive carefully
der/die **Vorstandsvorsitzende** (adjektivisch dekliniert)	Chief Executive Officer (declined as an adjective)
die **Wäscherin**, -nen	washer(-woman), laundress
sich **weiterbilden** [er bildete sich weiter, er hat sich weitergebildet]	to study further, to improve oneself
der **Wenigleser**, -	someone who reads only a little
der **Werbeexperte**, -n	advertising expert
die **Werbesendung**, -en	commercial (broadcast)
wertvoll	valuable, precious
der **Widerspruch**, -̈e	contradiction
wiedervereinigt	reunited
das wiedervereinigte Deutschland	the reunited Germany
der **Wille**, -n	will
der **Wissenschaftsjournalist**, -en	science journalist
das **Wissenschaftsmagazin**, -e	science magazine
der **Wolf**, -̈e	wolf
die **Zauberei**, -en	magic, wizardry
der **Zauberer**, -	magician
der **Zeichner**, -	designer, graphic artist
die **Zeitmaschine**, -n	time machine
die **Zeitreise**, -n	time travel
zerlegen [er zerlegte, er hat zerlegt] + A	to decompose, to take apart sth
einen Text in einzelne Druckelemente zerlegen	to take apart a text in single typographical elements
die **Zerlegung**, -en	decomposition

Français	Español
se procurer qqch	procurarse (algo)
Je voudrais me faire une vision d'ensemble.	Quisiera obtener una visión global.
avaler, dévorer qqch	devorar (algo)
dévorer un livre	devorar un libro
muter qqn, déplacer qqch	desplazar (algo)
muter qqn à un autre endroit	desplazar a alguien a otro lugar
compréhensible	comprensible
en langage compréhensible	en una lengua comprensible
reproduire, multiplier qqch	reproducir, multiplicar (algo)
reproduction, multiplication	reproducción, multiplicación
emploi, utilisation	uso
enregistrer, marquer qqch	registrar, marcar (algo)
avoir battu le record du nombre de visiteurs	haber batido un récord en número de visitantes
personne qui lit beaucoup	lector ávido
se produire, se passer	producirse, suceder
Des changements politiques se sont produits.	Se produjeron cambios políticos.
lire à haute voix	leer en voz alta
lire un roman à haute voix	leer una novela en voz alta
supérieur (décliné comme un adjectif)	superior
précautionneux, prudent	con prudencia
rouler prudemment	conducir con prudencia
président-directeur général (décliné comme un adjectif)	consejero-presidente
laveuse, blanchisseuse	lavandera
se perfectionner	perfeccionarse, mejorar la formación
celui qui lit peu	poco lector
expert en publicité	experto de publicidad
émission publicitaire	emisión publicitaria
précieux	valioso, precioso
contradiction	contradicción
réunifié	reunificado
l'Allemagne réunifiée	la Alemania reunificada
volonté	voluntad
journaliste scientifique	periodista científico
magazine scientifique	revista científica
loup	lobo
magie, sorcellerie	magia
magicien	mago
dessinateur	diseñador
machine à voyager dans le temps	máquina del tiempo
voyage dans le temps	viaje en el tiempo
décomposer, démonter qqch	desmontar, descomponer (algo)
décomposer un texte en éléments typographiques	descomponer un texto en elementos tipográficos
décomposition, démontage	descomposición

die **Zielgruppe**, -n	target group
das **Zubehör**, -e	accessories
zusammenfügen [er fügte zusammen, er hat zusammengefügt] + A	to join, to assemble sth
Zeilen zusammenfügen	to assemble lines
zuschauen [er schaute zu, er hat zugeschaut]	to look, to watch
zuhören [er hörte zu, er hat zugehört]	to listen
zweibändig	in two volumes
ein zweibändiges Buch	a book in two volumes

▓ Kapitel 3: Teil B   ▓ Chapter 3: Part B

das **Angstthema**, die Themen	frightening subject
der **Attentäter**, -	assassin
begehen [er beging, er hat begangen] + A	to commit sth
Verbrechen begehen	to commit a crime
beherrschen [er beherrschte, er hat beherrscht] + A	to dominate sth
Dieses Thema beherrscht die Nachrichtensendungen.	This topic dominates the news.
bekämpfen [er bekämpfte, er hat bekämpft] + A	to fight, to combat sth
Angst bekämpfen	to fight the fear
die **Emotion**, -en	emotion
die **Entpolitisierung**	depolitization
die **Familientragödie**, -n	family tragedy
die **Filmaufnahme**, -n	footage
die **Grippeart**, -en	type of flu
hervorrufen [er rief hervor, er hat hervorgerufen] + A	to provoke, to cause sth
Angst hervorrufen	to provoke fear
die **Jagd** nach + D	hunt for sth/sb
die Jagd nach Attentätern	hunt for terrorists/criminals
die **Kategorie**, -n	category
das **Kriegsspiel**, -e	war game
die **Krise**, -n	crisis
laut + G	according to sth/sb
laut einer Studie	according to a study
die **Menschheit**	humanity
die **Nationalmannschaft**, -en	national team
renommiert	reputable, well-known
eine renommierte Zeitung	a reputable newspaper
der **Rückgang**, ⁻e	regression, decline
der Rückgang der Zuschauerzahlen	the decrease in the number of spectators
der **Spitzenplatz**, ⁻e	top/leading position
der **Sportwettkampf**, ⁻e	sport competition
das **Supermodel**, -s	top model
tragisch	tragic
die **Tragödie**, -n	tragedy
unkontrollierbar	uncontrollable
unpolitisch	apolitical

groupe cible	grupo/audiencia destinatario/a
accessoire	accesorio
assembler, réunir qqch	ensamblar, reunir
assembler des lignes	ensamblar líneas
regarder	mirar
écouter	escuchar
en deux volumes	en dos volúmenes
un livre en deux volumes	libro en dos volúmenes

▧ Chapitre 3 : Partie B   ### ▧ Capítulo 3: Parte B

un sujet angoissant	tema angustioso
auteur de l'attentat	autor del atentado
commettre qqch	cometer (algo)
commettre un crime	cometer un crimen
dominer qqch	dominar (algo)
Ce sujet domine les informations.	Este tema domina las noticias.
combattre qqch/qqn	combatir (algo)
combattre la peur	combatir el miedo
émotion	emoción
dépolitisation	despolitización
tragédie de famille	tragedia familiar
prise de vue cinématographique	toma cinematográfica
type de grippe	tipo de gripe
provoquer, susciter qqch	suscitar (algo)
provoquer la peur	suscitar el miedo
chasse à qqch/qqn	caza de (algo/alguien)
chasse aux auteurs d'attentat	la búsqueda de los autores del atentado
catégorie	categoria
jeu de guerre	juego de guerra
crise	crisis
d'après qqch/qqn	según (algo)
d'après une recherche	según un estudio
humanité	humanidad
équipe nationale	equipo nacional
renommé	de renombre
un journal renommé	un periódico de renombre
recul, régression	regresión
la baisse du nombre des spectateurs	regresión del número de espectadores
première place	primer lugar
compétition sportive	competición deportiva
top model	top model
tragique	trágico
tragédie	tragedia
incontrôlable	incontrolable
apolitique	apolítico

die **Ursache**, -n	reason, cause
das **Verbrechen**, -	crime
vergehen [er verging, er ist vergangen]	to pass, to go by
Die Zeit vergeht.	Time goes by.
verhindern [er verhinderte, er hat verhindert] + A	to impede, to prevent sth
verrückt	crazy
wecken [er weckte, er hat geweckt] + A	to awake, to arouse sth
Interesse wecken	to arouse interest
die **Weise**	way, mode
auf diese Weise	this way
das **Weltgeschehen**, -	world affairs
zunehmend	increasing
zunehmende Wichtigkeit	increasing importance

▇ Kapitel 4: Teile A, C und D   ▇ Chapter 4: Parts A, C and D

die **Absatzförderung**, -en	promotion
abwertend	pejorative
die **Aktie**, -n	action
allerneust-	very latest
das allerneuste Produkt	the very latest product
die **Altersvorsorge**	old-age provisions, retirement plan
das **Ambiente**	ambiance
anführen [er führte an, er hat angeführt]	to mention, to quote sth
ein Beispiel anführen	to quote an example
der **Anspruch**, ⸚e	demand, claim
ansteigen [er stieg an, er ist angestiegen]	to increase, to rise
Die Temperaturen steigen an.	Temperatures are rising.
das **Antifleckensystem**, -e	stain repellent system
argumentieren [er argumentierte, er hat argumentiert] für/gegen + A	to argue, to bring forward arguments pro/con sth
assoziieren [er assoziierte, er hat assoziiert]	associate, make associations
aufmerksam	attentive, considerate
aufmerksam machen [er machte aufmerksam, er hat aufmerksam gemacht] + A, auf + A	to call attention to sth, to point out sth
Ich möchte Sie auf eine Besonderheit aufmerksam machen.	I would like to call your attention to a particularity.
sich **ausbreiten** [er breitete sich aus, er hat sich ausgebreitet]	to spread
Bestimmte Krankheiten breiten sich aus.	Certain sicknesses are spreading.
ausdrucksvoll	expressive, demonstrative
auspacken [er packte aus, er hat ausgepackt] + A	to unpack, to unwrap sth
das Gerät auspacken	to unpack the appliance
die **Auszeichnung**, -en	distinction
der **Autohändler**, -	car dealer
der **Bademantel**, ⸚	bathrobe
die **Banküberweisung**, -en	bank transfer
der **Bauernhof**, ⸚e	farm

raison, cause	origen, causa, razón
crime	crimen
passer	pasar
Le temps passe.	El tiempo pasa.
empêcher qqch/qqn	impedir
fou	loco
(r)éveiller qqch/qqn	despertar (algo)
éveiller l'intérêt	despertar el interés
manière, sorte	manera, forma
de cette façon	de esta manera
événements mondiaux	suceso mundial
croissant	creciente
importance croissante	importancia creciente

■ Chapitre 4 : Partie A, C et D   ■ Capítulo 4: Partes A,C y D

promotion	promoción
péjoratif	peyorativo
action (en bourse)	acción, valor bursátil
le plus nouveau	lo más nuevo
le dernier produit	el producto más nuevo
prévoyance vieillesse	plan de pensiones para la jubilación
ambiance	ambiente
citer qqch	citar (algo)
citer un exemple	citar un ejemplo
exigence, revendication	reivindicación
monter, augmenter	subir, aumentar
Les températures augmentent.	Las temperaturas aumentan.
système anti-tache	sistema antimanchas
argumenter, raisonner pour/contre qqch	argumentar a favor/en contra de (algo)
associer, faire des associations	asociar
attentif, attentionné	atento,
attirer l'attention sur qqch	llamar la atención (a alguien) acerca de (algo)
Je voudrais attirer votre attention sur une particularité.	Quisiera llamar su atención acerca de una particularidad.
se répandre	expandirse
Certaines maladies se répandent.	Algunas enfermedades se expanden
expressif	expresivo
déballer qqch	desempaquetar, desenvolver (algo)
déballer un appareil	desenvolver el aparato
distinction	distinción
concessionnaire automobile	concesionario de automóviles
peignoir	albornoz
virement bancaire	transferencia bancaria
ferme	granja

die **Baumwolle**	cotton
die **Baustelle**, -n	construction site
die **Beleuchtung**, -en	lighting
bellen [er bellte, er hat gebellt]	to bark
Der Hund bellt.	The dog is barking.
das **Beruhigungsmittel**, -	sedative, calmative
beschädigen [er beschädigte, er hat beschädigt] + A	to damage sth
die Ware beschädigen	to damage the merchandise
beschädigt	damaged
Die Ware ist beschädigt.	The merchandise is damaged.
die **Beschwerde**, -n	complaint
der **Beschwerdebrief**, -e	letter of complaint
bestehend	existing, in force
im Rahmen der bestehenden Gesetze	within the laws in force
die **Bestellnummer**, -n	order number
betonen [er betonte, er hat betont] + A	to accentuate, to stress sth
der **Bildrand**, ¨er	screen border
bildschön	ravishingly beautiful, picture perfect
der **Boom**	boom
brandneu	brand-new
die **Bremse**, -n	brake
brutal	brutal
brutale Krimis	brutal crimes
die **Definition**, -en	definition
desto … (immer in Verbindung mit „je")	the … the …
je älter, desto wertvoller	the older the more valuable
dominieren [er dominierte, er hat dominiert]	to dominate
doppelt	double
das **Durchschnittsgehalt**, ¨er	average salary
edel	noble
ein edles Material	noble material
der **Einbruch**, ¨e	burglary
einfahrend	to pull in
einfahrende Züge	the trains pulling in to the station
einfrieren [er fror ein, er hat eingefroren] + A	to freeze sth
Fleisch einfrieren	to freeze meat
eingebaut	built-in, integrated
eingebautes Gefrierfach	built-in freezer compartment
eingefahren	pulled in
der eingefahrene Zug	the train that pulled in to the station
einmalig	one-time, unique
ein einmaliges Angebot	a one-time offer
sich **eintragen** [er trägt sich ein, er trug sich ein, er hat sich eingetragen]	to subscribe to sth
sich in eine Liste eintragen	to subscribe to a list
einzigartig	singular, one-of-a-kind
das **Elektrogeschäft**, -e	electric shop
die **Empfangsdame**, -n	receptionist

coton	algodón
chantier	obra
éclairage	iluminación, alumbrado
aboyer	ladrar
Le chien aboie.	El perro ladra.
sédatif, tranquillisant	sedante
endommager, abîmer qqch	dañar (algo)
endommager la marchandise	dañar la mercancía, los bienes
endommagé, abîmé	dañado
L'article est abîmé.	La mercancía está dañada
plainte, réclamation	reclamación, apelación
lettre de réclamation	carta de apelación
existant	existentes, vigente
dans le cadre des lois en vigueur	en el marco de la legislación vigente
numéro de commande	número de pedido
accentuer, souligner qqch	acentuar, remarcar
bord de l'image	borde de la imagen
beau comme une image	bonito, pictórico
boom	boom
flambant neuf	nuevo de fábrica
frein	freno
brutal	brutal
des histoires policières brutales	novelas negras brutales
définition	definición
plus … plus … (toujours précédé de « je »)	cuanto …, más
le plus (c'est) vieux, le plus (c'est) précieux	cuanto más viejo/antiguo, más valioso
dominer	dominar
double	doble
salaire moyen	salario medio
noble	noble
matériau noble	un material noble
cambriolage	atraco, asalto
arrivant	entrante, llegada
les trains arrivants	los trenes de llegadas
congeler, surgeler qqch	congelar (algo)
congeler de la viande	congelar la carne
encastré, intégré	integrado
compartiment congélateur intégré	congelador integrado
arrivé	llegado, entrado
le train (qui est) arrivé	el tren llegado, arribado
unique	único
une offre unique	una oferta única
s'inscrire, s'enregistrer	inscribirse, registrarse en (algo)
s'inscrire sur une liste	inscribirse en una lista
extraordinaire	extraordinario
magasin d'électroménager	tienda de electrodomésticos
hôtesse d'accueil	dama de recepción

entwerfen [er entwirft, er entwarf, er hat entworfen] + A	to create, to design sth
einen Werbetext entwerfen	to create ad text
die **Erfüllung**, -en	fulfillment
Ein Traum geht in Erfüllung.	A dream comes true.
erleichtern [er erleichterte, er hat erleichtert] + A	to make sth easier, to facilitate sth
die Arbeit erleichtern	to facilitate the work
erstklassig	first class
etablieren [er etablierte, er hat etabliert] + A	to establish sth
die **Etablierung**, -en	establishment
exakt	exact
der **Fachhändler**, -	speciality retailer/specialist dealer
fantasievoll	imaginative
die **Fehlhandlung**, -en	spurious action, error
der **Fernsehspot**, -s	TV spot
das **Firmengelände**, -	plant, premises, site
der **Flachbildschirm**, -e	flat screen
der **Fleck**, -e	stain
die **Fleckenentfernung**, -en	stain removal
die **Frisur**, -en	hairstyle
frittieren [er frittierte, er hat frittiert] + A	to fry sth
Kartoffeln frittieren	to fry potatoes
die **Fußballübertragung**, -en	football transmission
die **Garantie**, -n	guarantee, warranty
die **Garantiezeit**, -en	term of guarantee
das **Gefrierfach**, ̈-er	freezer compartment
das **Gefriersystem**, -e	freezing system
das **Gefrierteil**, -e	freezer part
das **Gelände**, -	terrain, area, premises
die **Geldbörse**, -n	wallet, purse
das **Geräusch**, -e	noise
die **Geschwindigkeit**, -en	speed
die **Glasplatte**, -n	ceramic hob
gleichsetzen [er setzte gleich, er hat gleichgesetzt] mit + D	to equate, to identify with sth
Markennamen werden oft mit Produktnamen gleichgesetzt.	Brand names are often identified with product names.
das **Gras**	grass
das **Haarfärbemittel**, -	hair colouring product
der **Händler**, -	dealer, salesperson
hauchdünn	razor-thin, very thin
das **Hausgerät**, -e	household appliance
die **Hautcreme**, -s	skin cream
die **Hautpflege**	skin care
herrlich	magnificent, superb
der **Historiker**, -	historian
hochaktuell	up-to-date, most recent
hochwertig	of high quality
der **Imagegewinn**, -e	image gain/improvement
Werbung zum Imagegewinn	commercial to boost the image (of a firm)

esquisser, créer qqch	crear, bosquejar (algo)
créer un texte publicitaire	crear un texto publicitario
accomplissement, réalisation	realización
Un rêve se réalise.	Un sueño se hace realidad
faciliter qqch	aligerar, facilitar (algo)
faciliter le travail	facilitar el trabajo
de (toute) première qualité	de primera calidad
établir qqch	establecer
établissement, mise en place	establecimiento
exact	exacto
marchand spécialisé, revendeur	comerciante, distribuidor especializado
plein d'imagination	fantasioso
maladresse, action malencontreuse	tratamiento erróneo
spot télévisé	spot televisivo
terrain de l'entreprise	terreno de la empresa
écran plat	pantalla plana
tache	mancha
enlèvement des taches	limpieza de manchas
coiffure	peluquero
faire frire qqch	freír
faire frire des pommes de terre	freír patatas
match de football télévisé	transmisión de fútbol
garantie	garantía
temps de garantie	tiempo de garantía
compartiment congélateur	compartimento congelador
système de congélation	sistema congelador
freezer	congelador
terrain	terreno
porte-monnaie	monedero
bruit	ruido, rumor
vitesse, vélocité	velociad
cuisinière vitrocéramique	placa vitrocerámica
identifier qqch avec qqch	identificar/confundir (algo) con (algo)
Les noms de marque sont souvent identifiés avec les noms de produit.	Las marcas se confunden a menudo con los prodcutos.
herbe	hierba
produit de coloration pour cheveux	tinte, producto para teñir el pelo
marchand, commerçant	comerciante
très fin	muy fino
appareil ménager	aparato doméstico
crème pour la peau	crema para la piel
soin de peau	cuidado de la piel
magnifique	magnífico
historien	historiador
très actuel	altamente actual
de grande valeur	de alto valor
amélioration de son image	mejora de la imagen
publicité pour améliorer son image	publicidad para mejorar la imagen

individuell	individual
der **Inhalt**, -e	content
innovativ	innovative
intensiv	intensive
die **Internetverbindung**, -en	internet connection
das **Interview**, -s	interview
investieren [er investierte, er hat investiert]	to invest
die **Jahrhundertwende**, -n	turn of the century, Fin-de-siècle
das **Jahrzehnt**, -e	decade
je … desto/umso …	the … the …
je älter, desto/umso wertvoller	the older the more valuable
jederzeit	anytime
die **Jobsuche**, -n	job search
die **Kanarischen Inseln**	Canary Islands
die **Karriereplattform**, -en	career platform
der **Katalog**, -e	catalogue
die **Käufergruppe**, -n	customer group
der **Klebestreifen**, -	sticky tape
die **Klimaanlage**, -n	air conditioner
koffeinhaltig	caffeinated
kompetent	competent
der **Konsument**, -en	consumer
kostenintensiv	cost-intensive
das **Kühlteil**, -e	fridge compartment
laufend	current, ongoing
die laufende Sendung	the ongoing programme
lehrreich	instructional, informative
leitend	leading
leitende Positionen	leading positions
lesbar	legible
leuchten [er leuchtete, er hat geleuchtet]	to glow
Die Farben leuchten.	These colours glow.
die **Lieferabteilung**, -en	delivery department
der **Liefertermin**, -e	delivery date
die **Lieferverzögerung**, -en	delay in delivery
lila (nicht deklinierbar)	lilac (invariable)
eine lila Bluse	a lilac blouse
die **Limonade**, -n	lemonade
löslich	soluble
löslicher Kaffee	soluble/instant coffee
die **Manipulation**, -en	manipulation
die **Marke**, -n	mark, brand, label
der **Markenname**, -n	brand name
der **Marktschreier**, -	market crier
das **Material**, -ien	material
maßgeschneidert	custom-designed
maßgeschneiderte Sprachkurse	custom-designed/individualized language courses
die **Mehrfachnennung**, -en	multiple answers

individuel	individual
contenu	contenido
innovateur	inovador
intensif	intensivo
connexion Internet	conexión a internet
entrevue	entrevista
investir	invertir
tournant du siècle, Fin-de-siècle	cambio de siglo, fin de siglo
décennie	decenio
plus … plus …	cuanto … más …
le plus (c'est) vieux, le plus (c'est) précieux	cuanto más viejo/antiguo, más valioso
à tout moment	en cualquier momento
recherche d'emploi	búsqueda de empleo
Iles Canaries	Islas Canarias
plateforme de carrière	plataforma para la carrera profesional
catalogue	catálogo
groupe d'acheteurs	grupo de consumidores
ruban adhésif	cinta adhesiva
air conditionné	aparato de aire acondicionado
contenant de la caféine	que contiene cafeína
compétent	competente
consommateur	consumidor
coûteux	costoso
réfrigérateur	refrigerador
courant	corriente, en curso, actual
émission en cours	la emisión actual
instructif	instructivo
dirigeant, haut	directivo, dirigente (adj)
positions dirigeantes	positiones directivas
lisible	legible
briller	brillar
Les couleurs brillent.	Los colores brillan.
département de livraison	departamento de distribución
délai de livraison	fecha de entrega
ralentissement/retard de livraison	retraso en la entrega
lilas (invariable)	lila (no declinable)
une blouse lilas	una blusa lila
limonade	limonada
soluble	soluble
café soluble	café soluble
manipulation	manipulación
marque	marca
nom de marque	nombre de la marca
bonimenteur	voceador de mercado, charlatán
tissu	material
taillé sur mesure	hecho a medida
cours de langue individualisés	curso de idiomas a medida
réponses multiples	respuestas múltiples

meistverkauft	top-selling
das **Messegelände**, -	fair grounds
der **Mond**, -e	moon
das **Mundwasser**	mouthwash
nachdenken [er dachte nach, er hat nachgedacht] über + A	to reflect on sth, to think about sth
über einen Film/ein Problem nachdenken	to think about a film/a problem
nachschlagen [er schlug nach, er hat nachgeschlagen]	to look up sth in a book, to consult a book
Material zum Nachschlagen	reference books/materials
nervig	annoying
nervige Baustellen	annoying construction sites
nützlich	useful
die **Oberflächenstruktur**, -en	surface structure
optimal	optimal
originell	original
parkend	parking
parkende Autos	parking cars
das **Pflegebad**, ¨er	nurturing bath
das **Plakat**, -e	bill, poster
der **Planet**, -en	planet
die **Plattform**, -en	platform
die **Präsenterwerbung**, -en	presenter commercial
preiswert	inexpensive
die **Pressefreiheit**	freedom of the press
das **Produktionsproblem**, -e	production problem
der **Produktkauf**, ¨e	product purchase
der **Produktname**, -n	product name
das **Produktplacement**, -s	product placement
der **Profit**, -e	profit
der **Puls**, -e	pulse
pur	pure
pure Manipulation	pure manipulation
pürieren [er pürierte, er hat püriert] + A	to mash
Kartoffeln pürieren	to mash potatoes
der **Radiospot**, -s	radio spot
rasen [er raste, er ist gerast]	to rush
Der Zug rast.	The train tears along at full speed.
die **Region**, -en	region
reichen [es reichte, es hat gereicht] + D	to suffice, to be enough to sb
Jetzt reicht es mir!	Now I had enough! That's enough!
die **Reklamation**, -en	reclamation, complaint
das **Renommee**	reputation
das **Risiko**, die Risiken	risk
ein Risiko eingehen	to take a risk
die **Ruine**, -n	ruin
schaffen [er schuf, er hat geschaffen] + A	to create sth
eine Scheinwelt schaffen	to create an illusory world
die **Scheinwelt**, -en	illusory world

le plus vendu	lo más vendido
(lieu d'une) foire	parque de exposiciones
lune	luna
collutoire	enjuague bucal
réfléchir sur qqch	reflexionar sobre (algo)
réfléchir sur un problème/film	reflexionar sobre un problema/una película
consulter qqch	consultar (algo)
ouvrage de référence	material de consulta
énervant, agaçant, embêtant	molesto, enervante
des chantiers embêtants	obras molestas
utile	útil
structure de surface	estructura de superficie
optimal	óptimo
original	original
stationnant	aparcado
des voitures stationnées	coches aparcados
bain (de soin)	baño relajante
affiche	rótulo, cartel, anuncio
planète	planeta
plateforme	plataforma
publicité de présentation	publicidad de presentación
bon marché	económico
liberté de la presse	libertad de prensa
problème de production	problema de producción
achat de produit	compra de productos
nom de produit	nombre del producto
placement de produit	localización del producto
profit	provecho
pouls	pulso
pur	puro (adj)
manipulation pure	manipulación pura
mettre en purée	hacer puré
écraser les pommes de terre	hacer las patatas puré
spot radiophonique	spot radiofónico
filer, foncer	ir a toda velocidad
Le train va à toute vitesse.	El tren va a toda velocidad
région	región
suffire	ser suficiente, bastante, bastar
Cela suffit maintenant !	¡Ya tengo bastante!
réclamation	reclamación
renommée	renombrado
risque	riesgo
courir un risque	correr un riesgo
ruine	ruina
créer, constituer	conseguir, crear
créer un monde imaginaire	crear un mundo imaginario
monde imaginaire	mundo imaginario

die **Schicht**, -en	layer, class
soziale Schichten	social classes
schmelzen [er schmilzt, er schmolz, er ist geschmolzen]	to melt
Das Eis schmilzt.	The ice is melting.
die **Schnelligkeit**	rapidity
die **Schokoladentafel**, -n	chocolate bar
schonen [er schonte, er hat geschont] + A	to protect sth/sb
die Kleidung schonen	to protect the clothes
schonend	gentle
schonendes Waschen	gentle wash
das **Sicherheitsglas**, "er	safety glass
das **Sicherheitssystem**, -e	security system
die **SMS**, -	sms
der **Sonntagsfahrer**, -	Sunday driver
das **Sparprogramm**, -e	energy-efficient programme
die **Spezialbeleuchtung**, -en	special lighting
das **Spezialwaschmittel**, -	special detergent
die **Spitzengeschwindigkeit**, -en	top speed
der **Sponsor**, -en	sponsor
die **Sponsorenwerbung**, -en	sponsor's commercial
die **Sportveranstaltung**, -en	sporting event
der **Spot**, -s	spot
staatlich	public, national
ständig	permanent
die **Steigerung**, -en	increase, rise
die Steigerung der Verkaufszahlen	increase of the sales figures
der **Stein**, -e	stone
das **Stofftaschentuch**, "er	fabric handkerchief
das **Stromkabel**, -	electric cable
der **Südpol**	South Pole
supergünstig	extremely inexpensive
superschnell	super fast
der **Superstar**, -s	superstar
die **Suppenwürze**, -n	soup seasoning
synthetisch	synthetic
die **Tankpause**, -n	campaign/action against gas stations
die **Technologie**, -n	technology
der **Temperaturregler**, -	thermostat
der **Tesafilm**	sticky tape
topmodern	top modern
der **Transport**, -e	transportation
der **Typ**, -en	type
überlegen [er überlegte, er hat überlegt] + A	to (re)consider sth, to think sth over
eine Entscheidung überlegen	to think over a decision
die **Übertragung**, -en	transmission
die **Übertreibung**, -en	exaggeration
überzeugen [er überzeugte, er hat überzeugt] + A, von + D	to convince sb, persuade sb about sth
umfassen [er umfasste, er hat umfasst] + A	to contain sth, to include sth

Chapitre 4	Capítulo 4
couche	capa, nivel
couche sociale	capa social
fondre	fundirse, derretirse
La glace fond.	El hielo se funde.
rapidité	rapidez
tablette de chocolat	tableta de chocolate
protéger	proteger
protéger les vêtements	proteger los vestidos
indulgent	protector, indulgente
lavage doux, délicat	lavado delicado
verre de sécurité	vidrio de seguridad
système de sécurité	sistema de seguridad
sms	SMS
chauffeur du dimanche	conductor de domingo, dominguero
programme économique	programa de ahorro
éclairage spécial	iluminación especial
lessive spéciale	detergente especial
vitesse maximale	velocidad punta
sponsor	espónsor
publicité sponsor	publicidad del espónsor
manifestation sportive	evento deportivo
spot	spot
public, national	estatal, público
permanent	permanente
augmentation, hausse	aumento, subida
hausse des chiffres de ventes	aumento de las cifras de ventas
pierre	piedra
mouchoir en tissu	pañuelo de papel, (kleenex)
câble électrique	cable eléctrico
pôle Sud	polo sur
extrêmement avantageux	muy ventajoso/barato
ultra-rapide	súper-rápido
superstar	superestrella
assaisonnement de soupe	condimentos para sopa
synthétique	sintético
arrêt pour prendre de l'essence	parada para repostar
technologie	teconología
thermostat	termostato
ruban adhésif	cinta adhesiva, «Celo»
super moderne	súper moderno
transport	transporte
type	tipo
réfléchir	reflexionar, meditar
peser une décision	meditar una decisión
transfert, transmission	transmisión
exagération	exageración
convaincre, persuader qqn de qqch	persuadir (a alguien)
comprendre, englober qqch	comprender, englobar (algo)

umfassend	global, all-inclusive
umfassender Service	all-inclusive services
umschreiben [er umschrieb, er hat umschrieben] + A	to paraphrase sth
ein Wort mit Synonymen umschreiben	to paraphrase a word by synonyms
umso (immer in Verbindung mit „je")	the … the … (always used with "je")
je älter, umso wertvoller	the older the more valuable
die **Umtauschmöglichkeit**, -en	possibility to return (merchandise)
die **Unterbrechung**, -en	interruption
das **Valium**	valium
sich **verändern** [er veränderte sich, er hat sich verändert]	to change
sich **verfahren** [er verfährt sich, er verfuhr sich, er hat sich verfahren]	to lose one's way (driving)
die **Verkaufszahl**, -en	sales figures
sich **verlaufen** [er verläuft sich, er verlief sich, er hat sich verlaufen]	to lose one's way (walking)
vermeiden [er vermied, er hat vermieden] + A	to avoid sth
Das Wort „teuer" wird im Geschäftsleben vermieden.	In the business world one avoids using the word "expensive".
sich **verrechnen** [er verrechnete sich, er hat sich verrechnet]	to miscalculate, to miscount
versalzen [er versalzte, er hat versalzen] + A	to oversalt sth, to put too much salt into sth
die Suppe versalzen	to put too much salt in the soup
das **Versäumnis**, -se	failure, omission
sich **verschreiben** [er verschrieb sich, er hat sich verschrieben]	to misspell
sich **verspäten** [er verspätete sich, er hat sich verspätet]	to be late
das **Versprechen**, -	promise
verstecken [er versteckte, er hat versteckt] + A	to hide sth
Werbung in einem Film verstecken	to hide commercials in a movie
versteckt	hidden
versteckte Werbung	hidden commercial
sich (D) **vornehmen** [er nimmt sich vor, er nahm sich vor, er hat sich vorgenommen] + A	to plan sth
Was haben Sie sich für das nächste Jahr vorgenommen?	What are your plans/resolutions for next year?
der **Vorsatz**, ̈e	resolution, intention
der **Wachmann**, ̈er	guard
das **Wärmesystem**, -e	thermal system
die **Wäsche**	laundry
schmutzige Wäsche	dirty clothes
die **Waschphase**, -n	washing phase
die **Werbeagentur**, -en	advertising agency
die **Werbeaktion**, -en	sales action
die **Werbeanzeige**, -n	advertisement, ad
der **Werbeblock**, -s	sequence of advertisements
die **Werbebranche**, -n	advertising branch
der **Werbeexperte**, -n	advertising expert
der **Werbefachmann**, die Fachleute	advertising specialist, commercial specialist

complet, global	completo, global
service complet	servicio completo
paraphraser, décrire qqch	describir, parafrasear (algo)
décrire un mot avec des synonymes	describir una palabra con sinónimos
plus … plus … (toujours précédé de « je »)	cuanto … más
le plus (c'est) vieux, le plus (c'est) précieux	cuanto más viejo (antiguo), más valioso
possibilité d'échange	posibilidad de intercambio
interruption	interrupción
valium	valium
changer	cambiar
se tromper de route	perderse en la ruta
chiffres de ventes	cifra de ventas
se tromper de chemin, se perdre	perderse en el camino
éviter qqch/qqn	evitar
Dans le monde des affaires on évite le mot « cher ».	La palabra «caro» se evita en el mundo del comercio.
se tromper dans son calcul	equivocarse en el cálculo
trop saler qqch, mettre trop de sel dans qqch	salar (algo) en exceso
mettre trop de sel dans la soupe	salar la sopa en exceso
manquement	pérdida, falta, negligencia
faire une faute d'orthographe	cometer una falta ortográfica
être en retard	retrasarse
promesse	promesa
cacher qqch/qqn	esconder (algo)
cacher des publicités dans un film	esconder publicidad en una película
caché	escondido
publicité cachée	publicidad escondida, encubierta
prévoir qqch	preveer
Qu'est-ce que vous avez en vue pour l'année prochaine ?	¿Qué se ha propuesto para el año que viene?
résolution, intention	resolución, intención
gardien	vigilante
système thermique	sistema de calefacción
linge	colada
linge sale	ropa sucia
phase de lavage	fase de lavado
agence de publicité	agencia de publicidad
action publicitaire	acción publicitaria
annonce publicitaire	anuncio publicitario
bloc de publicité	bloque publicitario
branche de publicité	rama publicitaria
expert en publicité	experto en publicidad
spécialiste en publicité	especialista en publicidad

der **Werbefilm**, -e	advertisement, advertising film
die **Werbeform**, -en	advertising form
die **Werbekampagne**, -n	advertising campaign
der **Werbespot**, -s	advertising spot
die **Werbetafel**, -n	advertising stones/boards (Ancient Egypt)
der **Werbetext**, -e	advertising text
die **Werbezeitung**, -en	classified ads
das **Werbeziel**, -e	advertising objective
die **Werbung**, -en	ad, advertisement
wirkend	effective, with an effect
positiv wirkende Adjektive	adjectives with a positive effect
die **Zielgruppenwerbung**, -en	commercial targeting a special group
zuschicken [er schickte zu, er hat zugeschickt] + D + A	to send sth to sb
Wir schicken Ihnen die Unterlagen zu.	We will send you the documentation.
zusenden [er sendete zu, er hat zugesendet] + D + A	to send sth
Wir senden Ihnen die Ware zu.	We will send you the merchandise.

▦ Kapitel 4: Teil B — ▦ Chapter 4: Part B

die **Allee**, -n	avenue, parkway
angelaufen kommen [er kam angelaufen, er ist angelaufen gekommen]	to come running
Die Menschen kamen angelaufen.	The people came running.
der **Anlauf**, ⁻e	start, run up
Anlauf nehmen	to take a run up, to gather speed
anständig	decent, modest
aufgebracht	angry, furious
aufgebrachte Dorfbewohner	the furious village people
die **Ausgangsposition**, -en	starting position
aussenden [er sendete aus, er hat ausgesendet] + A	to send out sth
befürchten [er befürchtete, er hat befürchtet]	to fear
Wir befürchteten, dass …	We fear that …
begrenzt auf + A	limited to sth
beiliegend	enclosed
die beiliegenden Instruktionen	the enclosed instructions
die **Bekämpfung**	combat, fight
die Bekämpfung von Insekten	fight against insects
der **Bierbauch**, ⁻e	beer belly
blinken [er blinkte, er hat geblinkt]	to blink, to flash
Das Lämpchen blinkt.	The lamp/light is blinking.
bloß	merely, barely
blutdürstig	blood-thirsty
brav	brave
bums!	Bang!
die **Decke**, -n	ceiling
denkbar	thinkable, imaginable
derartig	such
eine derartig komplexe Verwandlung	such a complex transformation

Chapitre 4

film publicitaire	película publicitaria
forme de publicité	forma de publicidad
campagne publicitaire	campaña publicitaria
spot publicitaire	spot publicitario
tableau publicitaire	tablón publicitario
texte publicitaire	texto publicitario
journal de petites annonces	periódico de anuncios
objectif publicitaire	objetivo publicitario
publicité	publicidad
effectif, opérant	de efecto, operante
des adjectifs avec un effet positif	adjetivos de efecto positivo
publicité s'adressant à un groupe cible	publicidad dirigida a un grupo
envoyer qqch à qqn	enviar, mandar (a alguien) (algo)
Nous vous envoyons les documents.	Le mandamos la documentación.
envoyer qqch à qqn	enviar (a alguien) (algo)
Nous vous envoyons l'article.	Le enviamos la mercancía, el artículo.

▪ Chapitre 4 : Partie B   ▪ Capítulo 4: Parte B

allée	avenida
venir en courant	venir corriendo
Les gens sont venus en courant.	La gente vino corriendo.
élan	carrera, preparación
prendre de l'élan	tomar carrerilla
honnête, décent	honesto, decente
furieux	furioso
des villageois furieux	habitantes furiosos
position de départ	posición de salida
émettre qqch	emitir (algo)
craindre	temer
Nous craignons que …	Nos tememos, que …
limité à qqch	limitado a (algo)
joint, inclus	adjunto
les instructions ci-jointes	las instrucciones adjuntas
lutte	lucha
lutte contre les insectes	la lucha contra los insectos
ventre rebondi	barriga cervecera
clignoter	guiñar, poner el intermitente
La petite lumière clignote.	La lucecita parpadea.
seulement, juste	solamente
sanguinaire	sanguinario
brave	bueno
paf !	¡paf!
plafond	techo
pensable, envisageable	posible
tel, semblable	tal
une métamorphose d'une telle complexité	una metamorfosis de tal complejidad

die **Dorfbevölkerung**	village population
dringen [er drang, er ist gedrungen]	to infiltrate
Komische Geräusche drangen zu uns.	Strange noises reached us.
durchmachen [er machte durch,	to undergo sth
er hat durchgemacht] + A	
eine Verwandlung durchmachen	to undergo a change
entgegengesetzt	opposed, contrary
die entgegengesetzte Richtung	the opposite direction
entsprechend	here: suitably
sich entsprechend benehmen	to behave suitably
erbsengrün	pea green
ergattern [er ergatterte, er hat ergattert] + A	to snatch sth, to grap sth
erneut	again
ernst	serious
erregt	agitated, furious
die erregten Dorfbewohner	the furious village people
das **Erstaunen**	astonishment, amazement
zu unserem Erstaunen	to our amazement
die **Fehlgeburt**, -en	miscarriage
die **Frequenz**, -en	frequency
gelangen [er gelangte, er ist gelangt]	to arrive, to reach
gelegentlich	occasionally
der **Genuss**, ᵘe	pleasure, enjoyment
gestreift	striped
das **Gewicht**, -e	weight
die **Haushaltselektronik**	consumer electronics
heilen [er heilte, er hat geheilt] + A	to heal, to cure sth/sb
das Konsumfieber heilen	to heal the consumption fever
hilflos	helpless
die **Instruktion**, -en	instruction
die **Invasion**, -en	invasion
die **Kakerlake**, -n	cockroach
kämpferisch	battlesome, militant, fierce
die **Kaufhalle**, -n	supermarket
der **Kaukasus**	Caucasus, Caucasia
der **Knüller**, -	big hit, blockbuster
komplex	complex
das **Konsumfieber**	consumption fever
kurieren [er kurierte, er hat kuriert] + A	to cure sth/sb
das Konsumfieber kurieren	to cure the consumption fever
das **Lebendgewicht**, -e	(live) weight
der **Heizungskörper**, -	radiator
die **Mark**	mark
merkwürdig	strange
die **Motorsäge**, -n	electric saw, chainsaw
der **Mückenvertreiber**, -	mosquito stop
nachdem	after
das **Nagetier**, -e	rodent

les gens du village	habitantes del pueblo
pénétrer	atravesar, penetrar
Des bruits étranges se sont faits entendre.	Nos llegan ruidos extraños.
endurer, subir qqch	sufrir (algo), trabajar sin descanso
subir une métamorphose	sufrir una transformación
contraire, opposé	opuesto
la direction opposée	dirección opuesta
conformément, de façon adéquate	correspondiente
se comporter de façon adéquate	comportarse de acuerdo a
vert petits pois	verde, verde guisante
obtenir, réussir à avoir qqch	obtener, conseguir
de nouveau	renovado, de nuevo
sérieux	serio
irrité	irritado
les habitants irrités du village	los irritados habitantes del pueblo
étonnement	sorpresa, asombro
à notre étonnement	para nuestra sorpresa
fausse couche	aborto por causas naturales
fréquence	frecuencia
parvenir, arriver	llegar a, conseguir
occasionnellement	ocasionalmente
plaisir, jouissance	placer
à rayures	a rayas
poids	peso
électronique ménagère	electrodomésticos
guérir qqch/qqn	curar (algo)
guérir la fièvre de la consommation	curar la fiebre consumista
démuni	desesperado
instruction	instrucción
invasion	invasión
cafard	cucaracha
combattant, militant	luchador, combativo, militante
supermarché	grandes almacenes
Caucase	Cáucaso
article à succès	artículo de éxito, sensación
complexe	complejo
fièvre de la consommation	fiebre consumista
guérir qqch/qqn	curar (algo)
guérir la fièvre de la consommation	curar la fiebre consumista
poids vif	peso en vivo
radiateur	radiador
mark	Marco
remarquable, bizarre	curioso, notable
scie à moteur	sierra eléctrica
anti-moustique	repelente de mosquitos
après que	después que
rongeur	roedor

der **Namenstag**, -e	name day
nebenan	next door
die Wohnung nebenan	the apartment next-door
der **Pfeil**, -e	arrow
der **Pfennig**, -e	penny
der **Pressebericht**, -e	press cutting
die **Ranke**, -n	tendril, twine
die **Ratte**, -n	rat
die **Raupe**, -n	caterpillar
recht	right
Das ist mir recht.	It suits me.
die **Riesenraupe**, -n	giant caterpillar
das **Rotlicht-Lämpchen**	small red light
sentimental	sentimental
das **Shopping**	shopping
die **Steppe**, -n	steppe
stöbern [er stöberte, er hat gestöbert]	to look around, to poke
die **Strecke**, -n	track
etwas zur Strecke bringen (idiom.)	to destroy sth (idiom.)
summen [er summte, er hat gesummt]	to buzz
leise summen	to buzz softly
die **Testzentrale**, -n	testing centre
ticken [er tickte, er hat getickt]	to tick
Die Uhr tickt.	The clock is ticking.
traurig	sad
treffsicher	who has a better aim of shot
trennen [er trennte, er hat getrennt] + A, von + D	to separate sth/sb from sth/sb
trist	sad
trotz + G	despite sth
trotz des schlechten Testergebnisses	despite the bad test results
das **Ungeziefer**	vermin
unhörbar	non-varnished
unlackiert	inaudible
der **Verlust**, -e	loss
vernichten [er vernichtete, er hat vernichtet] + A	to annihilate, to destroy sth
das Gerät vernichten	to destroy the appliance
vernichtend	destructive, crushing
die vernichtende Kraft	destructive power
sich **verwandeln** [er verwandelte sich, er hat sich verwandelt] in + A	to turn into sth/sb
sich in ein Insekt verwandeln	to turn into an insect
die **Verwandlung**, -en	metamorphosis
vollkommen	completely
vollkommen unhörbar sein	to be completely inaudible
vollwertig	full-fledged
ein vollwertiges Mitglied der Familie	a full-fledged member of the family
wach	awake
die **Wanduhr**, -en	wall clock

fête	onomástica
voisin, d'à côté	al lado, próximo
l'appartement voisin	el piso de al lado
flèche	flecha
pfennig (monnaie)	penique
coupure de presse	informe de prensa
sarment	zarcillo
rat	rata
chenille	oruga
juste	justo
Cela me convient.	Eso me conviene.
chenille géante	oruga gigante
petite lampe à lumière rouge	lucecita roja
sentimental	sentimental
shopping	ir de tiendas, de compras
steppe	estepa
fouiller	ojear, revolver
distance, trajet	tramo
détruire qqch	destruir
bourdonner	zumbar
bourdonner doucement, discrètement	zumbar levemente
centrale de test	central de test
faire tic-tac	hacer tic-tac
L'horloge fait tic-tac.	El reloj hace tic-tac.
triste	triste
qui vise toujours mieux	certero
séparer qqch de qqch	separar (algo) de (algo)
triste	triste, gris
malgré, en dépit de qqch	a pesar de (algo)
malgré les mauvais résultats du test	a pesar de los malos resultados del test
vermine	parásito, bicho
inaudible, imperceptible	inaudible
sans vernis	sin lacar
perte	pérdida
anéantir, détruire qqch	destruir (algo)
détruire l'appareil	destruir el aparato
déstructif, anéantissant	destructivo
la force de déstruction	la fuerza destructiva
se transformer, se métamorphoser en qqch	transformarse en (algo)
se métamorphoser en un insecte	transformarse en un insecto
métamorphose	metamorfosis
complètement	completamente
être complètement inaudible	ser completamente inaudible
valable, de plein droit	de pleno derecho
un membre de plein droit de la famille	un miembro de pleno derecho de la familia
éveillé	despierto
horloge murale	reloj de pared

weder ... noch ...	neither ... nor ...
weder Insekten noch Nagetiere	neither insects nor rodents
wegwerfen [er wirft weg, er warf weg, er hat weggeworfen] + A	to trow away sth
werfen [er wirft, er warf, er hat geworfen] + A	to throw sth
einen Gegenstand gegen die Wand werfen	to throw an object against the wall
zerhacken [er zerhackte, er hat zerhackt] + A	to hack, to chop sth
die **Zieselmaus**, ‚ᵉe	dormouse
zornig	angry
zurückkehren [er kehrte zurück, er ist zurückgekehrt]	to return
zur Ausgangsposition zurückkehren	to return to the initial position
zwingen [er zwang, er hat gezwungen] + A (zu etwas)	to oblige sb to do sth, to make sb do sth
die Schwiegermutter zwingen, das Gerät zu vernichten	to make the mother-in-law destroy the appliance

▨ Kapitel 5: Teile A, C und D

▨ Chapter 5: Parts A, C and D

der **Abbau**	reduction
der Abbau von Stress	stress reduction
abbauen [er baute ab, er hat abgebaut] + A	to reduce sth
Stress abbauen	to reduce stress
abhängig von + D	dependent on sth
von vielen Faktoren abhängig sein	to depend on many factors
das **Abiturzeugnis**, -se	certificate of qualification for university matriculation, A-level certificate
der **Abschnitt**, -e	paragraph
die **Allgemeinbildung**	general culture
der **Alpentourismus**	alpine tourism
der **Amtskollege**, -n	counterpart
andernfalls	otherwise, or else
der **Anfänger**, -	beginner
der **Angriff**, -e	attack, assault
anhand + G	by means of sth
Ergänzen Sie die Sätze anhand Ihrer Erfahrungen.	Complete the sentences on the basis of your experience.
anregend	inspiring, stimulating
anregend wirken	to act as a stimulant, to be inspiring
anschreiben [er schrieb an, er hat angeschrieben] + A	to write sth on the board
Wörter anschreiben	to write words on the board
der **Antrag**, ‚ᵉe	application, offer
einen Antrag stellen	to apply for sth
die **Arbeitsagentur**, -en	job agency
arbeitslos	unemployed
der/die **Arbeitslose** (adjektivisch dekliniert)	unemployed person (declined as an adjective)
die **Arbeitslosigkeit**	unemployment
der **Aspekt**, -e	aspect
auditiv	auditive
die **Aufmerksamkeit**	attention

ni … ni …	ni … ni …
ni les insectes ni les rongeurs	ni insectos ni roedores
jeter qqch	arrojar, tirar (algo)

jeter, lancer qqch	tirar (algo)
jeter un objet contre le mur	tirar un objeto contra la pared
hacher qqch	picar (algo)
loir	ardilla, ardilla coreana
furieux, en colère	furioso, colérico
retourner, rentrer	volver, retornar
retourner à la position initiale	volver a la posición de salida
forcer, obliger qqn à qqch	obligar (a alguien)
forcer la belle-mère à détruire l'appareil	obligar a la suegra a destruir el aparato

▨ Chapitre 5 : Partie A, C et D　　　　### ▨ Capítulo 5: Partes A,C y D

démontage, suppression	reducción
réduction de stress	reducción del estrés
réduire, baisser qqch	reducir, disminuir (algo)
réduire le stress	reducir el estrés
dépendant de qqch/qqn	dependiente de
être dépendant de beaucoup de facteurs	ser dependiente de muchos factores
diplôme du baccalauréat	diploma de bachillerato

paragraphe	párrafo
culture générale	cultura general
tourisme alpin	turismo alpino
collègue de bureau	compañero de oficina
autrement, sinon	de otra forma, si no,
débutant	principante
attaque, offensive	ataque, ofensiva
d'après qqch, basé sur qqch	de acuerdo con (algo)
Complétez les phrases d'après vos expériences.	Completen las frases de acuerdo con sus experiencias.
stimulant	estimulante
avoir un effet stimulant	tener un efecto estimulante
écrire qqch (au tableau)	escribir (en la pizarra)
écrire des mots au tableau	escribir palabras en la pizarra
demande, requête	pedido, orden
faire une demande	hacer un pedido
agence de travail/d'emploi	agencia de empleo
chômeur	desempleado
chômeur (décliné comme un adjectif)	desempleado (declinado como un adjetivo)
chômage	desempleo
aspect	aspecto
auditif	auditivo
attention	atención

aufnehmen [er nimmt auf, er nahm auf, er hat aufgenommen] + A	here: to transfer, to save sth
Wörter ins Langzeitgedächtnis aufnehmen	to transfer words to the long term memory
aufrücken [er rückte auf, er ist aufgerückt]	to move up
in die erste Reihe aufrücken	to move up to the first line
ausreichend	satisfactory
sich **ausruhen** [er ruhte sich aus, er hat sich ausgeruht]	to rest, to relax
austauschen [er tauschte aus, er hat ausgetauscht] + A	to exchange sth
Erfahrungen miteinander austauschen	to exchange experiences with each other
sich **austauschen** [er tauschte sich aus, er hat sich ausgetauscht] über + A	to exchange thoughts/ideas
Tauschen Sie sich über Ihre Erlebnisse aus.	Exchange your experiences with the others.
die **Ausweitung**, -en	expansion, extenstion
die Ausweitung des Marktes	expansion of the market
die **Auswirkung**, -en	impact, effect
positive/negative Auswirkung auf die Leistung haben	to have a positive/negative effect on performance
befriedigend	satisfactory
beherrschen [er beherrschte, er hat beherrscht] + A	to master sth
eine Fremdsprache beherrschen	to master a foreign language
die **Bekämpfung**	fight, combat
die Bekämpfung von Arbeitslosigkeit	(successful) fight against unemployment
die **Belohnung**, -en	remuneration, recompense
benoten [er benotete, er hat benotet] + A	to assign marks
einen Aufsatz benoten	to mark an essay
die **Berechtigung**, -en	authorization, right
bereit	ready
Ich bin bereit, eine neue Sprache zu lernen.	I am ready to learn a new language.
das **Bergsteigen**	mountain climbing
der/die **Berufstätige** (adjektivisch dekliniert)	working/employed person (declined as an adjective)
sich **beteiligen** [er beteiligte sich, er hat sich beteiligt] an + D	to participate in sth
sich an einer Diskussion beteiligen	to participate in a discussion
betrunken	drunk
bewerten [er bewertete, er hat bewertet] + A	to evaluate sth
eine Mathematikarbeit bewerten	to evaluate a math test
die **Bewertung**, -en	evaluation
beweisen [er bewies, er hat bewiesen] + A	to prove, to show sth
eine Theorie beweisen	to prove a theory
brav	brave
ein braves Mädchen	a brave girl
das **Bundesministerium** für Bildung und Forschung	German Federal Ministry for Education and Research
dazulernen [er lernte dazu, er hat dazugelernt]	to learn (more)
demotivieren [er demotivierte, er hat demotiviert] + A	to discourage sb
Prüfungen demotivieren mich.	Exams discourage me.

Français	Español
ici : enregistrer, sauver qqch	grabar, registrar (algo)
enregistrer des mots dans la mémoire à long terme	grabar palatras en la memoria de larga duración
passer	pasar
passer en première ligne	pasar a primera línea
passable	suficiente
se reposer	tranquilizarse, reposar
échanger qqch	intercambiar (algo)
échanger des expériences les uns avec les autres	intercambiar experiencias
échanger des opinions/expériences sur qqch	intercambiar (acerca de algo)
Echangez vos expériences avec les autres.	Intercambie sus experiencias con los demás.
expansion	expansión
expansion du marché	expansión del mercado
conséquence, effet	efecto
avoir un effet positif/négatif sur la performance	tener efecto positivo/negativo en el rendimiento
satisfaisant, assez bien	satisfactorio
maîtriser qqch	dominar (algo)
maîtriser une langue étrangère	dominar un idioma extranjero
lutte	lucha
lutte (efficace) contre le chômage	la lucha contra el desempleo
rémunération, récompense	recompensa
noter, évaluer qqch	notar, evaluar (algo)
noter une rédaction	evaluar una redacción
autorisation	autorización
disposé, prêt	preparado
Je suis prêt à apprendre une nouvelle langue.	Estoy preparado para aprender una nueva lengua.
escalade	escalada
employé (décliné comme un adjectif)	empleado
participer à qqch	tomar parte, participar en (algo)
participer à une discussion	tomar parte en una discusión
ivre, soûl	borracho
évaluer qqch	evaluar (algo)
évaluer un test de mathématiques	evaluar un trabajo de matematicas
évaluation	evaluación
prouver, démontrer qqch	probar, demostrar
démontrer une théorie	demostrar una teoría
brave	diligente, responsable
une brave jeune fille	una buena muchacha
Ministère fédéral de l'Education et de la Recherche	Ministerio federal de la Educación y la Investigación
élargir ses connaissances	aprender, educarse
démotiver qqn	desmotivar (a alguien)
Les examens me démotivent.	Los exámenes me desmotivan.

das **Denkvermögen**	intellectual capacity
derjenige/diejenige/dasjenige	the one who
detailliert	detailed
ein detailliertes Angebot	a detailed offer
deutschlandweit	all over Germany, nationwide
eine deutschlandweite Studie	a nationwide study in Germany
die **Didaktik**	didactics
der **Diebstahl**, ̈e	theft
durchblutet werden [er wird durchblutet,	to supply with blood
er ist durchblutet worden, er wurde durchblutet]	
Im Liegen wird der Kopfbereich besser	The cephalic area is better supplied with
durchblutet.	blood in a lying position.
durchfallen [er fällt durch, er fiel durch,	to fail sth
er ist durchgefallen] bei + D	
bei einer Prüfung durchfallen	to fail an exam
sich **durchsetzen** [er setzte sich durch,	to prevail, to assert oneself
er hat sich durchgesetzt]	
sich auf dem Arbeitsmarkt durchsetzen	to gain recognition at the job market
egal	the same, whatever
Das ist egal.	I don't mind. It is the same.
einnehmen [er nimmt ein, er nahm ein,	to take, to adopt sth
er hat eingenommen] + A	
eine liegende Position einnehmen	to adopt a lying position
sich (D) **einprägen** [er prägte sich ein,	to memorize, to learn sth
er hat sich eingeprägt] + A	
Ich präge mir dieses Wort ein.	I will learn/memorize this word.
einsetzen [er setzte ein, er hat eingesetzt] + A	to use, to apply sth
ein Redemittel im Gespräch einsetzen	to use an expression in the conversation
einsparen [er sparte ein, er hat eingespart] + A	to save, to economize sth
Der Betrieb muss eine Million Euro	The factory must save one million euros.
einsparen.	
endgültig	final, definitive
die **Entspannungstechnik**, -en	relaxation technique
entsprechen [er entspricht, er entsprach,	to correspond to sth
er hat entsprochen] + D	
Die sechs Noten entsprechen folgenden	The six marks correspond to the following
Bewertungen.	evaluation.
ergattern [er ergatterte, er hat ergattert] + A	to snatch sth, to get hold of sth
ein Stipendium ergattern	to snatch a scholarship
ergreifen [er ergriff, er hat ergriffen] + A	to grab, to take sth
Maßnahmen ergreifen	to take measures
die **Erhöhung**, -en	increase
die Erhöhung des Intelligenz-Quotienten	the increase of the Intelligence Quotient
erstaunlich	astonishing, amazing
ein erstaunliches Ergebnis	astonishing results
erstellen [er erstellte, er hat erstellt] + A	to create, to make sth
eine Liste erstellen	to compile/make a list
der/die **Erwachsene** (adjektivisch dekliniert)	adult (person) (declined as an adjective)

capacité de réflexion	capacidad de reflexión
celui, celle	aquél, aquella
détaillé	detallado
une offre détaillée	una oferta detallada
dans toute l'Allemagne	en toda Alemania
une étude effectuée dans toute l'Allemagne	un estudio realizado en toda Alemania
didactique	didáctica
vol	robo
être alimenté par le sang	regado por la sangre
En position couchée, le cerveau est mieux alimenté par le sang.	La cabeza tiene mejor riego sanguíneo estando reclinado.
échouer à qqch	suspender (algo)
échouer à un examen	suspender un examen
s'imposer, prévaloir	imponerse
s'imposer sur le marché du travail	imponerse en el mercado de trabajo
égal	igual
Cela m'est égal.	Es igual/Da lo mismo.
prendre qqch	tomar (algo)
passer à une position couchée	tomar una postura horizontal
mémoriser qqch	memorizar (algo)
Je mémorise ce mot.	Memorizo esta palabra.
utiliser, employer qcqh	utilizar, emplear
employer une expression dans la conversation	utilizar una expresión en la conversación
économiser qqch	ahorrar (algo)
L'usine doit économiser un million d'euros.	La empresa debe ahorrar un millón de euros.
définitif	definitivo
technique de relaxation	técnica de relajación
correspondre à qqch	corresponder (a algo)
Les six notes correspondent aux évaluations suivantes.	Las seis notas corresponden a las siguientes evaluaciones.
obtenir, réussir à avoir qqch	obtener, conseguir (algo)
réussir à avoir une bourse d'études	obtener una beca
prendre, adopter qqch	adoptar (algo)
adopter une mesure	adoptar medidas
augmentation, accroissement	aumento, subida
accroissement du quotient intellectuel	aumento del coeficiente intelectual
étonnant	sorprendente
un résultat étonnant	un resultado sorprendente
établir qqch	establecer
dresser une liste	establecer una lista
adulte (décliné comme un adjectif)	adulto (declinado como adjetivo)

erziehen [er erzog, er hat erzogen] + A	to raise, to bring up sb
Kinder erziehen	to raise children
das **Examen**, -	exam
experimentieren [er experimentierte, er hat experimentiert]	to experiment
der **Fahrradhändler**, -	bicycle dealer
der **Faktor**, -en	factor
fallen [er fällt, er fiel, er ist gefallen] durch + A	to fail sth
durch eine Prüfung fallen	to fail an exam
fehlerhaft	incorrect
ein fehlerhafter Satz	an incorrect sentence
das **Ferienprogramm**, -e	holiday programme
die **Festplatte**, -n	hard disk
der **Fingerabdruck**, ¨e	fingerprint
der **Firmenkurs**, -e	language course for business
die **Forschung**, -en	research
die **Fortbildung**, -en	further training, continuing education
der/die **Fortgeschrittene** (adjektivisch dekliniert)	advanced learner (declined as an adjective)
der **Fortschritt**, -e	progress, improvement
der technologische Fortschritt	technological progress
frech	insolent
ein frecher Junge	an insolent boy
die **Führungskompetenz**, -en	leadership competence/skills
das **Gedächtnis**, -se	memory
der **Gedächtnisspeicher**, -	memory storage
der **Geheimtipp**, -s	insider tip
das **Gehirn**, -e	brain
die **Gehirnleistung**, -en	brain capacity
gelangen [er gelangte, er ist gelangt]	to arrive, to reach
Die Wörter gelangen ins Langzeitgedächtnis.	The words are transferred into long-term memory.
die **Gelegenheit**, -en	occasion
jede Gelegenheit nutzen, die neue Sprache zu üben	to use each opportunity to practice the new language
die **Gesellschaft**, -en	society
gewiss	sure, certain
eine gewisse Zeit	a certain time
die **Globalisierung**	globalisation
das **Glossar**, -e	glossary
das **Grundmuster**, -	basic pattern
der **Gruppenkurs**, -e	group course
der **Gruppenunterricht**	group teaching
Hänschen	Johnny
haptisch	haptic
die **Hauptrolle**, -n	leading part
herangehen [er ging heran, er ist herangegangen] an + A	to approach sth, to have an approach to sth
an die neue Sprache analytisch herangehen	to have an analytical approach to the new language

élever, éduquer qqn	educar (a alguien)
élever des enfants	educar a los niños
examen	examen
expérimenter	experimentar
marchand de vélos	comerciante de bicicletas
facteur, coefficient	factor
échouer à qqch	suspender (algo)
échouer à un examen	suspender un examen
incorrect	erróneo
une phrase incorrecte	una frase errónea
programme des vacances	programa de vacaciones
disque dur	disco duro
empreinte digitale	huella digital
cours de langue pour entreprises	curso (de idiomas) para empresas
recherche	investigación
séminaire professionnel	seminario profesional
(élève) avancé (décliné comme un adjectif)	avanzado (declinado como adjetivo)
progrès	avance, progreso
le progrès technologique	el avance tecnológico
insolent, impertinent	insolente, impertinente
un garçon insolent	un joven insolente
compétence de direction	competencia directiva
mémoire	memoria
zone de stockage de la mémoire	dispositivo de memoria
tuyau (secret)	recomendación (secreta)
cerveau	cerebro
capacité du cerveau	rendimiento cerebral
parvenir, arriver	llegar
Les mots passent dans la mémoire à long terme.	Las palabras llegan a la memoria a largo plazo.
occasion	oportunidad
profiter de toutes les occasions pour pratiquer la nouvelle langue	aprovechar cada oportunidad de practicar el nuevo idioma
société	sociedad
sûr, certain	cierto
un certain temps	un cierto tiempo
globalisation	globalización
glossaire	glosario
schéma	esquema
cours de groupe	curso de grupo
enseignement de groupe	clase a grupos
Jeannot	Juanito
haptique	táctil
rôle principal	papel principal
aborder, approcher qqch	abordar (algo)
approcher la nouvelle langue de façon analytique	abordar un nuevo idioma de manera analítica

herausfinden [er fand heraus, er hat herausgefunden] + A	to find out sth
herunterladen [er lädt herunter, er lud herunter, er hat heruntergeladen] + A	to download sth
Informationen aus dem Internet herunterladen	to download information from the Internet
hilfreich	helpful
hinschauen [er schaute hin, er hat hingeschaut]	to look
hinterher	afterwards
hinweisen [er wies hin, er hat hingewiesen] auf + A	to refer, to allude to sth
die **Höchstleistung**, -en	peak performance, top efficiency
identisch	identical
imitativ	imitative
der **Immigrant**, -en	immigrant
der **Individualkurs**, -e	individual course
indogermanisch	Indo-Germanic, Indo-European
die **Intelligenz**	intelligence
der **Intelligenzquotient**, -en	intelligence quotient
inwieweit	to what extent, how far
Inwieweit stimmen Ihre Vorschläge damit überein?	To what extent do your suggestions correspond with these?
irgendwann	anytime, sometime
das **Jahresende**, -n	end of the year
jedoch	however, yet
joggen [er joggte, er hat gejoggt]	to jog
das **Juweliergeschäft**, -e	jewellery store
der **Kaffeeklatsch**	coffee klatch, chat
das **Katastrophengebiet**, -e	disaster area
der **Klang**, ⁔e	tone, sound
die **Klasse**, -n	class
das **Klassenbuch**, ⁔er	class-register
das **Klassenzimmer**, -	classroom
der **Kletterkurs**, -e	rock climbing course
die **Klugheit**	intelligence, cleverness
der **Kochkurs**, -e	culinary course
kognitiv	cognitive
kommunizieren [er kommunizierte, er hat kommuniziert]	to communicate
komplett	complete
eine komplette Struktur	a complete structure
kompliziert	complicated
der **Kontext**, -e	context
neue Wörter im Kontext lernen	to learn new words in context
kontrollieren [er kontrollierte, er hat kontrolliert] + A	to control sth
Hausaufgaben kontrollieren	to control the homework
die **Konzentration**	concentration
die **Konzeption**, -en	conception
der **Kopfbereich**, -e	cephalic area
die **Körpersprache**	body language

apprendre, deviner qqch	descubrir (algo)
télécharger qqch	descargarse (algo)
télécharger des informations de l'Internet	descargarse información de Internet
secourable	útil
regarder	mirar, observar
après coup	después, detrás
indiquer qqch, faire référence à qqch	indicar (algo)
capacité maximum, puissance maximum	máximo rendimiento
identique	idéntico
imitatif	imitativo
immigrant	inmigrante
cours individuel	curso individual
indo-germanique	indogermánico
intelligence	inteligencia
quotient intellectuel	coeficiente intelectual
à quel point, en quoi	hasta qué punto
En quoi vos propositions correspondent-elles à celles-ci ?	¿Hasta qué punto se corresponden sus propuestas?
un jour, n'importe quand	en algún momento
fin de l'année	fin de año
cependant, pourtant	sin embargo
courir	correr, hacer footing
bijouterie	joyero
bavardage au goûter	charlita de café
région sinistrée	zona catastrófica
son, consonance	ruido, sonido
classe	clase
livre de classe	libro de clase
salle de cours	aula
cours d'escalade	curso de escalada
intelligence	astucia
cours de cuisine	curso de cocina
cognitif	cognitivo
communiquer	comunicar
complet	completo
une structure complète	una estructura completa
compliqué	complicado
contexte	contexto
apprendre des mots nouveaux dans un contexte	aprender nuevas palabras en un contexto
contrôler qqch/qqn	controlar (algo)
contrôler les devoirs	controlar los deberes
concentration	concentración
conception	concepción
région encéphalique	región encefálica
langage du corps	lenguaje corporal

German	English
korrigieren [er korrigierte, er hat korrigiert] + A	to correct, to fix sth
einen Fehler korrigieren	to fix a mistake
kreisen [er kreiste, er hat/ist gekreist]	to circle, to rotate
kundenfreundlich	customer-friendly
das **Kunststück**, -e	feat
das **Kursangebot**, -e	courses offered
das **Kurzzeitgedächtnis**, -se	short-term memory
das **Langzeitgedächtnis**, -se	long-term memory
der **Langzeitspeicher**, -	long-term memory storage
lebenslang	lifelong
lebenslanges Lernen	lifelong learning
die **Lebensweisheit**, -en	worldly wisdom
die **Lebenszeit**, -en	lifetime
das **Lehrbuch**, ⸚er	textbook, schoolbook
leisten [er leistete, er hat geleistet] + A	here: to give, to provide sth
Hilfe leisten	to provide assistance, to give aid
die **Leistungsbeurteilung**, -en	judgement of the performance
die **Leistungsbewertung**, -en	evaluation of the performance
der **Leistungsdruck**	pressure to perform
die **Leistungsfähigkeit**	productive efficiency
der **Lerner**, -	learner
die **Lernmethode**, -n	learning method
der **Lerntipp**, -s	learning tip
der **Lerntyp**, -en	learning type
liegen [er lag, er hat gelegen] in + D	to consist in sth
Das Kunststück liegt darin, …	The feat consists in …
das **Lob**, -e	praise
die **Macht**, ⸚e	power
machtlos	powerless
der **Mangel**, ⸚	lack, absence
mangelhaft	insufficient
die **Mathearbeit**, -en	math test
die **Mitarbeiterführung**	leadership, personnel management
mobilisieren [er mobilisierte, er hat mobilisiert] + A	to activate, to mobilize sth/sb
die Stresshormone mobilisieren	to activate the stress hormones
monoton	monotone
der **Muttersprachler**, -	native speaker
der **Nachhilfeunterricht**	private tuition
nimmer	never
nimmermehr	nevermore
objektiv	objective
die **Objektivität**	objectivity
die **Panik**	panic
Keine Panik!	No panic! Don't panic!
peinlich	uncomfortable, embarrassing
die **Periode**, -n	period, cycle
der **Privatlehrer**, -	private teacher
die **Problemlösung**, -en	problem solving

corriger	corregir
corriger une faute	corregir un error
circuler, orbiter	orbitar, circumnavegar
respectueux à l'égard des clients	respetuoso con los clientes
tour de force	obra de arte
offre de cours	oferta de cursos
mémoire à court terme	memoria a corto plazo
mémoire à long terme (chez l'homme)	memoria a largo plazo
mémoire à long terme (ordinateur)	dispositivo de memoria
à vie, durant toute la vie	por toda la vida
apprentissage durant toute la vie	aprendizaje durante toda la vida
aphorisme, sagesse	sabiduría vital
durée de vie	duración por toda la vida
manuel, livre de cours	libro de texto
effectuer qqch	efectuar, dar (algo)
porter secours, venir en aide	dar/ofrecer ayuda
évaluation de la performance	evaluación/informe del rendimiento
notation/évaluation de la performance	evaluación del rendimiento
pression de production	presión de producción
capacité productive	capacidad productiva
apprenti, étudiant	aprendiz
méthode d'apprentissage	método de aprendizaje
astuce d'apprentissage	consejo, recomendación para el aprendizaje
type d'apprentissage	tipo de aprendizaje
consister à qqch	residir, estar
Le tour de force consiste à …	El arte consiste en …
louange, compliment	loa
pouvoir, puissance	poder
impuissant	impotente
manque, pénurie	falta
déficient, insuffisant	deficiente
teste de maths	test de mates
direction des employés	dirección de empleados
mobiliser qqch/qqn	mobilizar (algo)
mobiliser les hormones de stress	mobilizar las hormonas del estrés
monotone	monótono
locuteur natif	hablante nativo
cours de rattrapage	clase de repaso
jamais de la vie	nunca
jamais plus	nunca más
objectif	objetivo
objectivité	objetividad
panique	pánico
Pas de panique !	¡Que no cunda el pánico!
pénible, embarrassant	embarazoso
période, cycle	período
professeur privé	profesor particular
solution de problème	solución de un problema

die **Prognose**, -n	prognosis
das **Prüfungsresultat**, -e	exam results
der **Psychologe**, -n	psychologist
die **Qualifikation**, -en	qualification
der **Quatsch**	rubbish, nonsense
Das ist Quatsch!	This is absolute nonsense/baloney.
der **Quotient**, -en	quotient
die **Rechtschreibregel**, -n	spelling rule
sächsisch	Saxon
das **Schicksal**, -e	destiny, fate
das **Schlafmittel**, -	sleeping pill/aid
der **Schulalltag**, -e	everyday life at school
das **Schulenglisch**	school English
das **Schulexamen**, -	school exam
die **Schulnote**, -	school grade/mark
die **Schulordnung**, -en	school regulation
die **Schulzeit**, -en	schooldays
das **Schulzeugnis**, -se	report card
schwänzen [er schwänzte, er hat geschwänzt] + A	to skip school
ein Seminar schwänzen	to skip a seminar
selbstverständlich	evident, obvious
der **Senior**, -en	senior
die **Sitzordnung**, -en	seating arrangements
die **Skala**, die Skalen	scale, spectrum
solange	while, as long as
Er besuchte die Schule, solange er wollte.	He attended school as long as he wanted.
der **Soldat**, -en	soldier
die **Sommerferien** (Pl.)	summer vacation
der **Sommerkurs**, -e	summer course
der **Speicher**, -	memory, storage
die **Speicherkapazität**, -en	memory/storage capacity
die **Speichertaste**, -n	memory button
die **Speicherung**, -en	storage, saving
das **Spitzenhotel**, -s	top-level hotel
das **Spitzenrestaurant**, -s	top-level restaurant
der **Sportler**, -	sportsman
sprachbegabt	gifted at languages
der **Sprachlerner**, -	language learner
die **Sprachprüfung**, -en	language exam
das **Straßenschild**, -er	street sign
das **Stresshormon**, -e	stress hormone
die **Struktur**, -en	structure
die **Studienzeit**, -en	(length of) studies
der **Studiogast**, ¨e	studio guest
systematisch	systematic, methodical
der **Takt**, -e	beat
im Takt des Herzens	to the beat of the heart
das **Talent**, -e	talent

prévision, pronostic	pronóstico
résultat d'examen	resultado de un examen
psychologique	psicólogo
qualification	calificación
bêtise, n'importe quoi	tontería, chorrada
C'est n'importe quoi.	¡Eso es una tontería!
quotient	cociente
règle d'orthographe	regla ortográfica
saxon	sajón
destin, sort	destino
somnifère	somnífero
routine scolaire	rutina escolar
anglais scolaire	inglés escolar
examen scolaire	examen escolar
résultats scolaires, notes, points	nota de la escuela
règlement scolaire	reglamento escolar
scolarité	escolaridad
bulletin scolaire	diploma escolar
faire l'école buissonnière, sécher qqch	faltar a clase
sécher un séminaire	faltar a un seminario
évident	evidente
senior	sénior
répartition des places	reparto de plazas
échelle	escala
aussi longtemps que	en tanto que
Il fréquente l'école aussi longtemps qu'il le veut.	Frecuentó la escuela mientras quiso.
soldat	soldado
vacances d'été	vacaciones de verano
cours d'été	curso de verano
mémoire	memoria, almacenamiento
capacité de mémoire	capacidad de almacenamiento
touche de mémoire	tecla de memoria
mémorisation, enregistrement	almacenar
hôtel prestigieux	hoteles de primera clase
restaurant prestigieux	restaurante de primera
sportif	deportista
doué en langue	dotado para los idiomas
étudiant de langue	estudiante de idimas
examen de langue	examen de idiomas
plaque de rue	placa de una calle
hormones de stress	hormona del estrés
structure	estructura
(la durée des) études	duración de los estudios
invité dans une émission	invitado en el plató
systématique	sistemático
tact, rythme	ritmo
au rythme du cœur	al ritmo cardíaco
talent	talento

die **Tat**, -en	act, action
der **Tatort**, -e	crime scene
Am Tatort wurden Fingerabdrücke gefunden.	At the crime scene fingerprints were found.
der **Techno**	techno
technologisch	technological
die **Tradition**, -en	tradition
das **Traummenü**, -s	dream menu
überleben [er überlebte, er hat überlebt] + A	to survive sth
einen Unfall überleben	to survive an accident
das **Ultrakurzzeitgedächtnis**, -se	ultra-short-term-memory
unbegabt	untalented, ungifted
ungeheuer	enormous, immense
ungeheuer wichtig sein	to be enormously important
ungenügend	insufficient, unsatisfactory
unlogisch	illogical
die **Unterrichtsstunde**, -n	lesson
die **Unterrichtszeit**, -en	length/time of the lesson
der **Urlaubsantrag**, ⁈e	application for leave
die **Veränderung**, -en	change
verantwortlich	responsible
die **Verantwortlichkeit**, -en	responsibility
die **Verantwortung**	responsibility
Verantwortung übernehmen	to take (over) the responsibility
sich **verbessern** [er verbesserte sich, er hat sich verbessert]	to improve, to make progress
die **Verbindung**, -en	connection
vereint	united
die Vereinten Nationen	United Nations
sich **vergrößern** [er vergrößerte sich, er hat sich vergrößert]	to enlarge, to increase
verleihen [er verlieh, er hat verliehen] + D + A	to lend sth to sth/sb
Nomen-Verb-Verbindungen verleihen der Sprache einen offiziellen Charakter.	The noun-verb phrases give an official character to the language.
die **Vernetzung**, -en	linking up, networking
vernünftig	reasonable
sich **verschlechtern** [er verschlechterte sich, er hat sich verschlechtert]	to worsen, to deteriorate
versinken [er versank, er ist versunken]	to sink
der **Versuch**, -e	experiment
visuell	visual
das **Visum**, die Visa	visa
der **Vitaminmangel**, ⁈	vitamin deficiency
der **Vorstand**, ⁈e	management, board of directors
sich **wehren** [er wehrte sich, er hat sich gewehrt] gegen + A	to resist, to defend oneself against sth/sb
sich gegen Kritik wehren	to defend oneself against criticism
sich **weiterbilden** [er bildete sich weiter, er hat sich weitergebildet]	to study further, to educate oneself
die **Weiterbildung**, -en	(professional) training

acte, action	hecho
lieu du crime	lugar de los hechos
On a trouvé des empreintes digitales sur le lieu du crime.	En el lugar de los hechos se encontraron huellas dactilares.
techno	Techno
technologique	tecnológico
tradition	tradición
menu de rêve	menú de ensueño
survivre à qqch	sobrevivir (a algo)
survivre à un accident	sobrevivir a un accidente
mémoire à très court terme	memoria a muy corto plazo
qui n'a pas de talent, qui n'est pas doué	sin talento
immense, énorme	enorme, inmenso
être énormément important	ser enormemente importante
insuffisant	insuficiente
illogique	ilógico
leçon, cours	hora de clase, curso
durée de la leçon	duración de la clase
demande de vacances	solicitud de vacaciones
changement	cambio
responsable	responsable
responsabilité	responsabilidad
responsabilité	responsabilidad
assumer la responsabilité	asumir la responsabilidad
s'améliorer	mejorarse
connexion, liaison	conexión
uni	unido
les Nations Unies	Naciones Unidas
agrandir, accroître	ampliarse
donner, prêter qqch à qqch/qqn	otorgar (algo a alguien)
Les expressions nom-verbe prêtent un caractère officiel à la langue.	Las construcciones de Verbo-Sustantivo otorgan a la lengua un carácter oficial.
interconnexion	interconexión
raisonnable	sensato, razonable
se détériorer	empeorarse
s'enfoncer	hundirse
essai, expérience	intento
visuel	visual
visa	visado
manque de vitamine	falta de vitaminas
comité directeur, management	comité
se défendre contre qqch/qqn	defenderse contra (algo)
se défendre contre les critiques	defenderse de las críticas
se perfectionner	perfeccionarse, mejorar la formación
perfectionnement	formación continua

das **Weiterbildungsangebot**, -e	advanced training on offer
die **Wirtschaftshochschule**, -n	business school
das **Wörternetz**, -e	word web
der **Zeitabstand**, ⸚e	interval
in bestimmten Zeitabständen	at certain intervals
die **Zensur**, -en	mark, grade
das **Zertifikat**, -e	certificate
das **Ziel**, -e	objective, goal
das **Zielpublikum**	target public
sich **zurückführen lassen** [er lässt sich zurückführen, er hat sich zurückführen lassen] auf + A	to trace back to sth
Die Noten lassen sich auf die frühere Sitzordnung zurückführen.	The marks can be traced back to the former seating arrangements.
zurückreichen [er reichte zurück, er hat zurückgereicht]	to go back to, to lead back
Die Tradition reicht noch weiter zurück.	The tradition goes back even further.
zutreffen [er trifft zu, er traf zu, er hat zugetroffen] auf + A	to apply to sth/sb, to fit sth/sb
Diese Charakterisierung trifft auf mich zu.	This characterization fits me.
der **Zyklus**, die Zyklen	cycle

▦ Kapitel 5: Teil B

▦ Chapter 5: Part B

ankündigen [er kündigte an, er hat angekündigt] + A	to announce sth
die **Ausnahme**, -n	exception
behandeln [er behandelte, er hat behandelt] + A	to handle, to cover sth
im Unterricht ein Thema behandeln	to handle a topic in class
die **Bestell-Liste**, -n	order list
der **Bindestrich**, -e	hyphen
der **Delfin**, -e	dolphin
eingedeutscht	assimilated/integrated into the German language
einheitlich	uniform, standard
eislaufen [er läuft eis, er lief eis, er ist eisgelaufen]	to ice-skate
das **Fremdwort**, ⸚er	foreign word
der **Geschirrreiniger**, -	dish washer
der **Gymnasiallehrer**, -	grammar/high school teacher
der **Hauslehrer**, -	private tutor
hinweisend	indicative
ein hinweisendes Wort	an indicative word
die **Höflichkeitsanrede**, -n	formal greeting, accosting
irgendjemand	anybody, somebody
der **Kartenverkauf**, ⸚e	sale of tickets
das **Komma**, -s	comma
das **Nachschlagewerk**, -e	reference work
die **Ordnungszahl**, -en	ordinal number, numeral
das **Original**, -e	original
orthografisch	orthographic
pleite sein [er ist pleite, er war pleite, er ist pleite gewesen]	broke

offre (des possibilités) de perfectionnement	oferta de formación continua
école supérieure d'économie	escuela superior de economía
réseau de mots	red de palabras
intervalle	intervalo
dans un certain intervalle	en intervalos determinados
censure, note (évaluation scolaire)	censura
certificat	certificado
objectif, but	objetivo, destinación
public cible	público de destino
imputer qqch à qqch/qqn	poder atribuirse a (algo)
On peut imputer les notes à l'ancienne répartition des places.	Las notas pueden atribuirse a la anterior repartición de asientos.
remonter	remontarse
La tradition remonte encore plus loin dans le passé.	La tradición se remonta más atrás.
s'appliquer à qqch/qqn	aplicarse, concernir
Cette caractérisation me correspond.	Esta caracterización me aplica.
cycle	ciclo

▥ Chapitre 5 : Partie B   ▥ Capítulo 5: Parte B

annoncer qqch	anunciar (algo)
exception	excepción
traiter qqch/qqn, s'occuper de qqch/qqn	tratar (algo)
traiter un sujet pendant le cours	tratar un tema en clase
liste des commandes	lista de pedidos
trait d'union	guión (de unión)
dauphin	delfín
germanisé, intégré dans la langue allemande	germanizado
homogène, uniforme	unitario
patiner	patinar sobre hielo
mot étranger	palabra extranjera, extraña
lave-vaisselle	producto lavavajillas
professeur de lycée	profesor de instituto
précepteur	preceptor
indicatif	indicativo
un mot indicatif	una palabra indicativa
formule de politesse	forma de cortesía
n'importe qui	alguien
vente des billets	venta de entradas
virgule	coma
ouvrage de référence	obra de referencia
nombre ordinal	ordinal
original	original
orthographique	ortográfico
fauché	estar a dos velas, sin dinero

die **Rechtschreibung**	spelling
die **Schifffahrt**, -en	boat travel, cruise
schlussfolgern [er schlussfolgerte, er hat geschlussfolgert]	to draw consequences
die **Schuhgröße**, -n	shoe size
schuld sein [er ist schuld, er war schuld, er ist schuld gewesen] an + D	to be guilty of sth
sitzen bleiben [er blieb sitzen, er ist sitzen geblieben]	to repeat a class
die **Speicherung**, -en	storage, saving
übertragen	figurative
in übertragener Bedeutung	in the figurative sense
die **Wiese**, -n	meadow
die **Wortzusammensetzung**, -en	word composition
die **Zeichensetzung**, -en	punctuation
die **Zuordnung**, -en	allocation
die **Zusammenschreibung**	spelling compound words

■ Kapitel 6: Teile A, C und D   ■ Chapter 6: Parts A, C and D

der **Abstand**, ¨e	interval
in zeitlichen Abständen	in temporary intervals
der **Abzweig**, -e	branch, junction
ein Abzweig zum Potsdamer Platz	a junction (leading) to Potsdamer Square
das **Akkordeon**, -s	accordion
sich **amüsieren** [er amüsierte sich, er hat sich amüsiert]	to enjoy oneself
anlegen [er legte an, er hat angelegt] + A	here: to put on sth
den Sicherheitsgurt anlegen	to put on the safety belt
der **Asphalt**	asphalt
aufschließen [er schloss auf, er hat aufgeschlossen] + A	to open sth
die Tür aufschließen	to open the door
aufgrund + G	as a result of sth, due to sth
Aufgrund einer Störung fahren keine Züge.	Due to a breakdown trains do not commute.
aufpassen [er passte auf, er hat aufgepasst] auf + A	to pay attention to sth, to watch sth
Pass auf!	Watch out!
Ich passe auf dein Gepäck auf.	I will watch your luggage.
sich **aufregen** [er regte sich auf, er hat sich aufgeregt] über + A	to get upset about sth
Ich rege mich über aggressive Autofahrer immer auf.	I always get upset about aggressive drivers.
der **Ausbau**	development, extension
der Ausbau des U-Bahnnetzes	extension of the subway net
ausbauen [er baute aus, er hat ausgebaut] + A	to develop, to extend sth
das U-Bahnnetz ausbauen	to extend the subway net
der **Aussichtsturm**, ¨e	look-out (tower)
das **Autobahnkreuz**, -e	interchange, motorway junction
die **Autobahnpolizei**	highway patrol/police
das **Autodach**, ¨er	roof (of a car)
außerhalb + G	outside sth
außerhalb der Stadt wohnen	to live outside the city
die **Bademöglichkeit**, -en	bathing possibility

orthographe	ortografía
voyage en bateau	viaje en barco
conclure	concluir
pointure	número de calzado
être coupable de qqch	ser culpable de (algo)
redoubler une classe	repetir (un curso)
mémorisation, enregistrement	almacenamiento, memoria
figuré, abstrait	transmitir, figurado
au sens figuré	en sentido figurado
pré	prado
composition de mots	composición de palabras
ponctuation	puntuación
allocation, correlation	correlación, correspondencia
écrit(ure) en un seul mot	escrito en una única palabra

▦ Chapitre 6 : Partie A, C et D   ▦ Capítulo 6: Partes A,C y D

intervalle	distancia, intervalo
à des intervalles temporels	a intervalos temporales
bifurcation, branche	bifurcación
bifurcation (menant) à la Place de Potsdam	una bifurcación hacia la Plaza de Potsdam
accordéon	acordeón
s'amuser	entretenerse, divertirse
mettre, placer qqch	abrocharse
mettre la ceinture de sécurité	abrocharse el cinturón de seguridad
asphalte	asfalto
ouvrir qqch	abrir (algo)
ouvrir la porte	abrir la puerta
à cause de, en raison de qqch	a causa de
En raison d'une panne les trains ne circulent pas.	A causa de una avería no circulan los trenes.
garder qqch, faire attention à qqch	tener cuidado de, prestar atención a (algo)
Fais attention !	¡Ten cuidado!
Je vais garder tes valises.	Yo vigilo tu equipaje.
s'énerver à propos de qqch/qqn	enfurecerse por (algo)
Je m'énerve toujours à propos des automobilistes agressifs.	Me enfurecen los conductores agresivos.
expansion	ampliación
l'expansion du réseau du métro	ampliación de la línea de metro
développer, étendre qqch	ampliar (algo)
étendre le réseau du métro	ampliar la línea de metro
belvédère, point de vue	torre vigía
échangeur, croisement d'autoroutes	cruce de autopistas
police de l'autoroute	policía de autopista (Guardia Civil)
toit de voiture	techo del automóvil
en dehors de qqch, hors de qqch	fuera de
habiter en dehors de la ville	vivir fuera de la ciudad
possibilité de se baigner	posibilidad de bañarse

der **Badestrand**, ̈-e	beach
die **Bahnlinie**, -n	railway line
die **Bahnstrecke**, -n	railroad track
der **Bauarbeiter**, -	construction worker
die **Baustelle**, -n	construction site
beeindrucken [er beeindruckte, er hat beeindruckt] + A	to impress
die Partygänger beeindrucken	to impress the partygoers
befahren	busy, heavily traveled
eine viel befahrene Straße	a busy road
befördern [er beförderte, er hat befördert] + A	to transport
Die U-Bahn befördert viele Fahrgäste.	The subway transports many passengers.
befürchten [er befürchtete, er hat befürchtet] + A	to fear, to worry
Man kann befürchten, dass …	One can fear that …
sich **begeben** [er begibt sich, er begab sich, er hat sich begeben]	to go
Begeben Sie sich zu Gate A 06.	Go to gate A 06.
beheizbar	heatable
die **Behörde**, -n	authorities
das **Benefiz-Konzert**, -e	tribute concert
bereitstehen [er stand bereit, er hat bereitgestanden]	to stand by, to be ready
bereitgestellt	(put) at disposal, provided
sich **betätigen** [er betätigte sich, er hat sich betätigt] als	to act as
Die Polizei muss sich manchmal als Tierfänger betätigen.	The police have to act sometimes as animal rescuers.
die **Betonung**, -en	accent, emphasis
betrieben	driven, powered
ein elektrisch betriebenes Verkehrsmittel	electric-powered vehicles
die **Bildcollage**, -n	(picture) collage
blinken [er blinkte, er hat geblinkt]	to put the turning signal on
der **Blinker**, -	turning signal
den Blinker setzen	to put the turning signal on
der **Blitzkasten**, ̈-	speed camera/radar
botanisch	botanical
Botanischer Garten	Botanical Garden
bremsen [er bremste, er hat gebremst]	to brake
die **Brücke**, -n	bridge
der **Campingstuhl**, ̈-e	camp chair
das **Chaos**	chaos
der **Dachboden**, ̈-	attic
draußen	outside
drinnen	inside
drüben	over there, yonder
einfangen [er fängt ein, er fing ein, er hat eingefangen] + A	to capture, to catch sth
Tiere einfangen	to catch animals
eingerichtet	equipped, furnished
ein zweckmäßig eingerichtetes Zimmer	a purposefully equipped room

Français	Español
plage	playa
ligne ferroviaire	línea ferroviaria
tronçon de voie ferrée	tramo de vía férrea
ouvrier du bâtiment	trabajador de la construcción
chantier	obra, construcción
impressionner	impresionar
impressionner des habitués des réceptions	impresionar a los invitados
fréquenté, exploité	concurrido
une rue fréquentée/avec une circulation intense	una calle muy concurrida
transporter qqch/qqn	transportar
Le métro transporte beaucoup de passagers.	El metro transporta a mucha gente.
craindre, redouter qqch	temer (algo)
On peut redouter que …	Es de temer que …
se rendre	dirigirse
Rendez-vous à la porte d'embarquement A 06.	Diríganse a la Puerta A06.
chauffable, qui peur être chauffé	calentable,
autorité, administration	autoridad
concert-bénéfice	concierto benéfico
se tenir prêt	estar listo, preparado
mis à la disposition	puestos a disposición
agir comme	ejercer
La police doit quelquefois agir comme sauveteurs d'animaux.	La policía debe ejercer a veces de rescatadores de animales.
accent, accentuation	entonación, acento
exploité, alimenté	alimentado
moyen de transport alimenté par l'électricité	un medio de transporte eléctrico
collage (d'images)	collage de imágenes
clignoter	parpadear
clignotant	intermitente
mettre le clignotant	poner el intermitente
radar automatique	radar (de velocidad)
botanique	botánico
Jardin Botanique	El Jardín Botánico
freiner	frenar
pont	puente
chaise de camping	silla de cámping
chaos	caos
grenier	desván
dehors	fuera
dedans	dentro
là-bas, en face	allí, de allá
attraper qqch/qqn	capturar (algo)
attraper des animaux	capturar animales
aménagé, meublé	amueblado
une chambre meublée de manière fonctionnelle	una habitación amueblada de forma funcional

einlegen [er legte ein, er hat eingelegt] + A	to place sth, to put sth
einen Gang einlegen	to put into gear
einmalig	unique, one-time
ein einmaliges Geschehen	a unique event
einparken [er parkte ein, er hat eingeparkt]	to park
einreichen [er reichte ein, er hat eingereicht] + A	to submit, hand in sth
einen Vorschlag/eine Bewerbung einreichen	to submit a proposal/an application
die **Einreise**, -n	entry
der **Einsatz**, ᵘe	commitment, dedication
der **Einstieg**, -e	boarding
Die Maschine ist fertig zum Einstieg.	The airplane is ready for boarding.
einweihen [er weihte ein, er hat eingeweiht] + A	to inaugurate sth
die neue Fahrstrecke einweihen	to inaugurate the new track
einwerfen [er wirft ein, er warf ein, er hat eingeworfen] + A	to drop, to throw in sth
Geld in den Automaten einwerfen	to put money in the vending machine
der **Einzelfall**, ᵘe	isolated case
die **Ente**, -n	duck
entfallen [er entfällt, er entfiel, er ist entfallen]	to be omitted
Die unterstrichenen Ausdrücke entfallen im Passivsatz.	The underlined expressions will be omitted in the passive sentence.
entscheidend	crucial, decisive
Entscheidend ist, was im Katalog steht.	The important thing is the what the catalogue says.
sich **entschuldigen** [er entschuldigte sich, er hat sich entschuldigt] bei + D, für + A	to apologize to sb for sth
Ich entschuldige mich beim Direktor für die Verspätung.	I apologize to the director for being late.
die **Enttäuschung**, -en	disappointment
entwerten [er entwertete, er hat entwertet] + A	to validate sth
die Fahrkarte entwerten	to validate the ticket
erfolgen [er erfolgte, er ist erfolgt]	to happen, to take place
Ereignisse, die gleichzeitig erfolgen	events that take place at the same time
die **Fahrbahn**, -en	lane
die **Fahrertür**, -en	driver's door
die **Fahrprüfung**, -en	driving test
die Fahrprüfung bestehen	to pass the driving test
der **Fahrradfahrer**, -	cyclist
der **Fahrradweg**, -e	bike path
der **Fahrschein**, -e	ticket
die **Fahrschule**, -n	driving school
die **Fahrstrecke**, -n	driving route/track
die **Fahrstunde**, -n	driving lesson
Fahrstunden nehmen	to take driving lessons
die **Fahrzeit**, -en	driving time, journey time
das **Fahrzeug**, -e	vehicle
familiär	familial
familiäre Atmosphäre	familiar atmosphere
der **Feind**, -e	enemy
der **Firmenwagen**, -	company car

ici : mettre, passer qqch	meter, poner
embrayer, passer une vitesse	meter una marcha (en un automóvil)
unique	único
un événement unique	un suceso único
garer	aparcar
déposer, soumettre qqch	entregar
soumettre une proposition/sa candidature	entregar una propuesta/una candidatura
entrée	entrada
intervention	intervención
embarquement	embarque
La machine est prête pour l'embarquement.	El avión está listo para embarcar.
inaugurer qqch	inaugurar
inaugurer le nouveau trajet	inaugurar el nuevo tramo
jeter, introduire, mettre qqch	introducir
mettre de l'argent dans l'automate	introducir dinero en la máquina
cas isolé	caso aislado
canard	pato
être supprimé, omis	omitirse, ser suprimido
Les expressions soulignées seront omises dans la phrase passive.	Las expresiones subrayadas se omiten en la forma pasiva.
décisif, crucial	decisivo
L'important est ce qui est écrit dans le catalogue.	Lo decisivo es lo que está en el catálogo.
s'excuser auprès de qqn de qqch	disculparse ante (alguien) por (algo)
Je m'excuse du retard auprès du directeur.	Me disculpo ante mi director por el retraso.
déception, désillusion	decepción, desilusión
valider qqch	validar (algo)
valider son billet	validar el billete
avoir lieu, se passer	suceder, tener lugar
des événements qui ont lieu en même temps	eventos que tienen lugar simultáneamente
voie, chaussée	vía, carril
portière du chauffeur	puerta del conductor
examen du permis de conduire	examen de conducción
réussir son examen du permis de conduire	aprobar el examen de conducción
cycliste	ciclista
piste cyclable	carril-bici
billet	carnet de conducir
auto-école	autoescuela
trajet	tramo, trayecto
leçon de conduite	clase de conducir
prendre des leçons de conduite	tomar clases de conducir
durée de parcours, durée du voyage	duración del trayecto
moyen de transport	vehículo
familier	familiar
atmosphère familière	atmósfera familiar
ennemi	enemigo
voiture de fonction	coche de empresa

der **Fluggast**, ⸚e	air passenger
die **Frontschutzscheibe**, -n	wind-shield
der **Gang**, ⸚e	gear
einen Gang einlegen	to put into a gear
den Gang schalten	to switch gears
die **Gangschaltung**, -en	gear change, shifter
das **Gas**, -e	gas
Gas geben	to accelerate
das **Gaspedal**, -e	gas pedal, accelerator
das **Gate**, -s	gate
die **Gegend**, -en	region
in der Gegend	in the region
der **Geisterbahnhof**, ⸚e	ghost station
gesamt	total
die gesamte Infrastruktur	the total/whole infrastructure
die **Gesellschaftsschicht**, -en	social class
gesichert	secured, sure
schlecht gesicherte Ladung	poorly secured loading
das **Gewürzmuseum**, die Museen	spice museum
glatt	here: simply
Die Autofahrer würden uns Fahrradfahrer glatt umfahren.	Drivers would simply run over us bikers.
gleichzeitig	simultaneously
die **Gleichzeitigkeit**	simultaneity
der **Grenzstreifen**, -	border strip
der **Grillabend**, -e	barbecue evening
der **Haupteingang**, ⸚e	main entrance
der **Hauptkommissar**, -e	chief commissioner/inspector
die **Hauptverkehrsstraße**, -n	main (artery) road
die **Hauptverkehrszeit**, -en	rush hour, peak period
herauskommen [er kam heraus, er ist herausgekommen]	to come out
Die Fahrkarte kommt heraus.	The ticket comes out.
hintereinander	behind each other
Da sind fünf Ampeln hintereinander.	There are five traffic lights behind each other.
die **Hochbahn**, -en	aerial/elevated railway
der **Hubschrauber**, -	helicopter
die **Hupe**, -n	(signal-)horn
hupen [er hupte, er hat gehupt]	to honk (the horn)
die **Idylle**, -n	idyll
der **Infoschalter**, -	information desk
die **Infrastruktur**, -en	infrastructure
die **Interpretation**, -en	interpretation
die **Jogginghose**, -n	jogging pants
das **Känguru**, -s	kangaroo
die **Katakombe**, -n	catacomb
das **Kaufhaus**, ⸚er	department store
der **Kinderwagen**, -	baby carriage
der **Kirchturm**, ⸚e	steeple

passager d'avion	pasajero de avión
pare-brise	luna delantera, parabrisas
vitesse	marcha (de un automóvil)
passer une vitesse	meter una marcha
changer de vitesse	cambiar la marcha
changement de vitesse, dérailleur	cambio de marchas
gas	gas
accélérer	acelerar
accélérateur	acelerador
porte d'embarquement	puerta de embarque
région	región, entorno
dans la région	en la región
gare fantôme	estación fantasma
total, entier	entera, toda
l'entière infrastructure	toda la infraestructura
couche sociale	capa social
sécurisé, assuré	asegurado
cargaison mal sécurisée	carga mal asegurada
musée des épices	museo de las especas
ici : vite, sans réflêchir	aquí: rápido, sin precaución
Les automobilistes nous écraseraient, nous cyclistes, sans trop réfléchir.	Los automovilistas nos adelantarían sin precaución.
simultanément	al mismo tiempo
simultanéité	simultaneidad
zone frontière	zona fronteriza
soirée barbecue	tarde de barbacoa
entrée principale	entrada principal
commissaire principal	comisario principal
route à grande circulation	calle principal
heure de pointe	hora punta
sortir	salir
Le billet sort.	El billete sale.
l'un derrière l'autre	uno tras otro
Là-bas il y a cinq feux l'un derrière l'autre.	Ahí hay cinco semáforos uno tras otro.
voie aérienne/surélevée	vía elevada
hélicoptère	helicóptero
klaxon	cláxon, bocina
klaxonner	tocar el cláxon
idylle	idilio
guichet d'information	ventanilla de información
infrastructure	infraestructura
interprétation	interpretación
pantalon de jogging, survêtement	pantalones de correr
kangourou	canguro
catacombe	catacumbas
grand magasin	grandes almacenes
poussette, landau	carrito de niños
clocher	torre de iglesia

klingen [er klang, er hat geklungen] nach + D	to sound like
Das klingt nach viel befahrener Straße.	It sounds like a busy street/road.
die **Kochplatte**, -n	hotplate
der **Kofferraum**, ¨e	trunk
das Gepäck im Kofferraum verstauen	to put the luggage in the trunk
der **Komfort**	comfort
kontinental	continental
kontinentales Frühstück	continental breakfast
der **Kontrolleur**, -e	controller
das **Kostüm**, -e	costume, suit
Männer in Kostüm	men in suit
das **Küken**, -	chick
kulinarisch	culinary
kulinarische Spezialitäten	culinary specialties
kunsthistorisch	art historical
Kunsthistorisches Museum	Museum of Fine Arts
kuppeln [er kuppelte, er hat gekuppelt]	to clutch
die **Kupplung**, -en	clutch
die Kupplung treten	to engage the clutch
die **Ladung**, -en	loading, charge
die **Landstraße**, -n	road
lautstark	vociferous, loud
sich lautstark amüsieren	to enjoy themselves very loudly
lenken [er lenkte, er hat gelenkt] + A	to drive sth
das Auto lenken	to drive the car
das **Lenkrad**, ¨er	steering wheel
der **Lkw**, -s	truck, lorry
marschieren [er marschierte, er ist marschiert]	to march
die **Meerseite**, -n	seaside
Zimmer an der Meerseite	seaside room
mehrmalig	repeated
mehrmaliges Geschehen	repeated event
menschenleer	deserted
menschenleere Bahnhöfe	deserted train stations
die **Minimalausstattung**, -en	minimal furnishing/décor
Zimmer mit Minimalausstattung	minimally furnished room
missachten [er missachtete, er hat missachtet] + A	to disobey, to violate sth
die Verkehrsregeln missachten	to violate the traffic rules
der **Mittagsschlaf**	nap
die **Mobilität**, -en	mobility
das **Moped**, -s	moped
der **Motor**, -en	engine, motorbike
das **Motorboot**, -e	motorboat
die **Motorhaube**, -n	hood, engine bonnet
nachfolgend	successive, subsequent
die nachfolgende Handlung	subsequent act

sonner comme, ressembler à qqch	sonar como/a (algo)
Cela ressemble à une rue avec beaucoup de circulation.	Eso suena a una calle muy concurrida.
plaque électrique	placa de cocina (eléctrica)
coffre	maletero
ranger la valise dans le coffre	meter las maletas en el maletero
confort	confort
continental	continental
petit déjeuner continental	desayuno continental
contrôleur	controlador
costume	traje
des hommes en costume	hombres de traje
poussin	polluelo
culinaire	culinario
des spécialités culinaires	especialidades culinarias
de l'histoire de l'art	de la historia del arte
Musée des Beaux-Arts	Museo de Historia del Arte
embrayer	embragar
embrayage	embrague
appuyer sur l'embrayage	pisar el embrague
chargement, cargaison	carga, cargamento
route	carretera
très bruyant	ruidosamente
s'amuser très bruyamment	entretenerse de manera ruidosa
diriger, conduire qqch	dirigir, conducir (algo)
conduire la voiture	conducir un automóvil
volant	volante
poids lourd	camión
marcher, défiler	marchar, desfilar
côté de la mer	del lado del mar
une chambre avec vue sur la mer	habitación con vistas al mar
répété, qui s'est passé plus d'une fois	varias veces, repetidas veces
un événement répété	suceso repetido
désert	desierto/a
des gares désertes	estación desierta
équipement minimal	equipamiento mínimo
une chambre avec équipement minimal	habitación con el mínimo equipamiento
négliger qqch/qqn	negligir
négliger les règles du code de la route	negligir las normas de circulación
sieste	siesta
mobilité	mobilidad
vélomoteur	motocicleta
moto, moteur	motor
canot à moteur	barco a motor
capot	capó
suivant, subséquent	subsiguiente
acte subséquent	el acto subsiguiente

nachholen [er holte nach, er hat nachgeholt] + A	to catch up on sth
Schlaf nachholen	to catch up on sleep
nachlesen [er liest nach, er las nach, er hat nachgelesen]	to look up
im Katalog die Bedeutung bestimmter Wörter nachlesen	to look up certain words in the catalogue
naturbelassen	natural, undisturbed
naturbelassener Strand	a beach in its natural state
nerven [er nervte, er hat genervt] + A	to bother, to annoy sb
Was nervt Sie im Straßenverkehr?	What annoys you about traffic?
das **Netz**, -e	net
die **Nordsee**	North Sea
Urlaub an der Nordsee	holiday at the North Sea
der/die **Obdachlose** (adjektivisch dekliniert)	homeless person (declined as an adjective)
oben	above
die **Oberleitung**, -en	catenary
der **Osteuropäer**, -	Eastern European
der **Ostteil**, -e	oriental part, Eastern part
der Ostteil von Berlin	Eastern part of Berlin
der **Partygänger**, -	partygoer
das **Planetarium**, die Planetarien	planetarium
das **Portemonnaie**, -s	purse, wallet
Prag	Prague
problemlos	problem-free
der **Radiosprecher**, -	announcer
der **Rand**, ⁔er	edge, margin
am Rand der Gesellschaft	at the edge of society
der **Raser**, -	speeder, racer
die **Rede**, -n	speech
eine Rede halten	to deliver a speech
der **Reifen**, -	tire
reinbringen [er brachte rein, er hat reingebracht] + A	to bring in sth
Kannst du den Blumentopf reinbringen?	Can you bring in the flower pot?
reinkommen [er kam rein, er ist reingekommmen	to come in(side)
Komm rein!	Come in(side)!
der **Reisekatalog**, -e	travel catalogue
der/die **Reisende** (adjektivisch dekliniert)	traveller, touriste (declined as an adjective)
der **Reiseveranstalter**, -	tour operator
die **Rückscheibe**, -n	rear window
die **Rücksicht**, -en	consideration
(keine) Rücksicht nehmen auf jemanden	(not) to be considerate of sb
rücksichtslos	reckless
rücksichtsvoll	considerate
der **Rückspiegel**, -	rear-view mirror
der **Schauplatz**, ⁔e	scene, site
die **Scheibe**, -n	glass, window pane
der **Scheinwerfer**, -	headlight
die **Schildkröte**, -n	turtle
der **Schlaf**	sleep

rattraper qqch	recuperar, atrapar
rattraper le sommeil	recuperar sueño
lire, vérifier qqch	leer, verificar
vérifier dans le catalogue la signification de	verificar en el catálogo el significado de
certains mots	algunas palabras
naturel, non traité	natural, virgen
une plage naturelle	playa virgen
énerver	molestar (a alguien)
Qu'est-ce qui vous énerve dans la circulation ?	¿Qué le molesta en el tráfico?
réseau	red
mer du Nord	Mar del Norte
vacances à la mer du Nord	vacaciones en el Mar del Norte
sans-abri (décliné comme un adjectif)	los sintecho (declinado como adjetivo)
là-haut, en dessus	por arriba, encima
caténaire	catenaria
Européen de l'Est	Europeo del Este
la partie orientale	parte oriental
la partie Est de Berlin	la parte oriental de Berlín
habitué de réceptions	habitual de las fiestas
planétarium	planetario
porte-monnaie	monedero
Prague	Praga
sans problème	sin problemas
présentateur de radio	locutor radiofónico
bord, marge	margen
à la marge de la société	al margen de la sociedad
chauffard	conductor temerario
discours	conversa, discurso
donner un discours	conversar
pneu	neumático
(r)entrer qqch	entrar (algo), meter para adentro (algo)
Peux-tu rentrer le pot de fleurs ?	¿Puedes entrar el florero?
entrer, venir à l'intérieur	entrar
Entre !	¡Entra!
catalogue touristique	catálogo turístico
voyageur (décliné comme un adjectif)	viajero (declinado como adjetivo)
tour-opérateur	tour-operador
vitre arrière	luna trasera
égard, considération	consideración
traiter qqn avec/(sans) égards	tratar a alguien con/(sin) consideración
qui est sans égards pour autrui	desconsiderado
plein d'égards	considerado
rétroviseur	retrovisr
scène	escena
vitre	luna, vidrio
phare	faro
tortue	tortuga
sommeil	sueño

die **Schnecke**, -n	snail
so schnell fahren wie eine Schnecke	to drive at a snail's pace
die **Schnellstraße**, -n	express lane
schützen [er schützte, er hat geschützt] + A	to protect sth/sb
das **Schwein**, -e	pig
das **Segelboot**, -e	sailboat
seitdem	since then
das **Seitenfenster**, -	side window
der **Seitenspiegel**, -	side mirror
der **Sicherheitsgurt**, -e	safety belt
den Sicherheitsgurt anlegen	to fasten/put on the safety belt
der **Sinn**, -e	sense
in diesem Sinn(e)	in that sense
der **Sonntagsfahrer**, -	Sunday driver
die **Spielminute**, -n	minute of play
die **Spur**, -en	trace
die Spuren sichern	to secure traces/the crime scene
das **Stadtbild**, -er	cityscape
der **Städtename**, -n	city name
die **Stahlplatte**, -n	steel-plate, steel sheet/panel
stammen [er stammte, er hat gestammt] von + D	to come, to originate from sth/sb
Die Idee stammte von Werner Siemens.	The idea came from Werner Siemens.
starren [er starrte, er hat gestarrt]	to stare, to gaze at sth/sb
auf einen Bildschirm starren	to stare at a screen
stecken [er steckte, er hat gesteckt] + A	to plug, to insert sth
den Schlüssel ins Zündschloss stecken	to insert the key into the ignition lock
die **Steilküste**, -n	steep coast, cliff line
die **Störung**, -en	breakdown, disturbance
die **Strandpromenade**, -n	beach promenade
der **Straßenlärm**	street noise
straßenunabhängig	road independent
der **Straßenverkehr**	road traffic
die **Straßenverkehrsordnung**	road traffic regulation
die **Strecke**, -n	track, route
das **Streckennetz**, -e	route system, route network
der **Tierfänger**, -	animal catcher/rescuer
der **Tischnachbar**, -n	neighbour at table
touristisch	touristic
touristische Infrastruktur	tourism infrastructure
das **Transportmittel**, -	means of transport
treten [er tritt, er trat, er ist getreten]	to step
die Kupplung treten	to step on the clutch pedal/to engage the clutch
die **Überfüllung**, -en	congestion, overcrowding
die Überfüllung der Verkehrsmittel	the overcrowding in the means of transport
überqueren [er überquerte, er hat überquert] + A	to cross over sth
die Straße überqueren	to cross over the street
die **Übersetzung**, -en	translation

escargot	caracol
aller à la vitesse d'un escargot	conducir tan rápido como un caracol
voie rapide	carril rápido
protéger qqch/qqn	proteger
cochon	cerdo
bateau à voile	barco de vela
depuis	desde que
vitre de côté	ventanillas laterales
rétroviseur latéral	espejos retrovisores laterales
ceinture de sécurité	cinturón de seguridad
mettre la ceinture de sécurité	aborcharse el cinturón de seguridad
sens	sentido
dans ce sens	en este sentido
chauffeur du dimanche	dominguero
minute de jeu	minuto de juego
trace	huella
conserver les traces	conservar las huellas
physionomie de la ville	imagen de la ciudad
nom de la ville	nombre de las ciudades
panneau d'acier	placa de acero
provenir, venir de qqch/qqn	originarse en (alguien)
L'idée est due à Werner Siemens.	La idea es original de Werner Siemens.
fixer du regard	mirar fijamente
fixer l'écran	mirar fijamente la pantalla
mettre, enfoncer, introduire qqch	meter, introducir (algo)
introduire la clé dans le contact	introducir la llave en el contacto
côte escarpée	acantilados
dérangement, panne	avería, molestia
promenade de plage	paseo de playa
bruit de la rue	ruido de la calle
indépendant du réseau routier	independiente de la red vial
circulation routière	tráfico vial
code de la route	código de circulación
parcours, trajet	tramo
réseau routier	red vial
sauveteur d'animal	rescatador de animales
voisin de table	vecino de mesa
touristique	turístico
infrastructure touristique	infraestructura turística
moyen de transport	medio de transporte
appuyer sur qqch (avec les pieds)	pisar (algo)
appuyer sur l'embrayage	pisar el embrague
surpeuplement, encombrement	abarrotamiento
surpeuplement de moyens de transport	el abarrotamiento el medio de transporte
traverser qqch	travesar (algo)
traverser la rue	travesar la calle
traduction	traducción

German	English
umfahren [er fährt um, er fuhr um, er hat umgefahren] + A	to run over sth/sb
einen Fußgänger umfahren	to run over a pedestrian
die **Umleitung**, -en	detour
unaufdringlich	discreet
unaufdringliche Bedienung	discreet service/attendance
unbeweglich	immobile, fixed
unbeweglich schauen	to look fixedly, to stare
ungepflegt	untidy, neglected
ein ungepflegter Strand	a neglected beach
der **Untergrund**	underground
in den Untergrund fahren	to travel underground
der **Urlauber**, -	tourist, vacationist
der **Urlaubskatalog**, -e	holiday catalogue
sich **verbergen** [er verbirgt sich, er verbarg sich, er hat sich verborgen] hinter + D	to hide behind sth
verfassen [er verfasste, er hat verfasst] + A	to compose sth
einen Brief verfassen	to compose a letter
das **Verkehrschaos**	traffic chaos
der **Verkehrsfunk**	traffic (message) channel
verkehrsgünstig	easy to access, well connected
Das Hotel befindet sich in verkehrsgünstiger Lage.	The hotel is easily accessible.
das **Verkehrsproblem**, -e	traffic problem
die **Verkehrsregel**, -n	traffic rule
der **Verkehrsteilnehmer**, -	traffic participant
das **Verpackungsmaterial**, -ien	packaging material
verpassen [er verpasste, er hat verpasst] + A	to miss sth
das Flugzeug verpassen	to miss the airplane
versperren [er versperrte, er hat versperrt] + A	to block sth
den Blick auf das Meer versperren	to block the view to the ocean
die Straße versperren	to block/barricade the street
sich **verständigen** [er verständigte sich, er hat sich verständigt]	to make oneself understood, to get by
sich problemlos verständigen können	to be able to make oneself understood
verstauen [er verstaute, er hat verstaut] + A	to store, to put sth
das Gepäck im Kofferraum verstauen	to put the luggage in the trunk
sich **verstecken** [er versteckte sich, er hat sich versteckt] hinter + D	to hide behind sth
der **Viktualienmarkt**, ̈e	victuals market
vorbeifahren [er fährt vorbei, er fuhr vorbei, er ist vorbeigefahren] an + D	to drive past sth
an einem Auto vorbeifahren	to drive past a car
die **Vorsicht**	caution
etwas mit Vorsicht genießen	to taste sth with caution
der **Vortag**, -e	previous day
am Vortag	the day before
der **Waggon**, -s	wagon
der **Wahlkampf**, ̈e	election campaign

écraser qqch/qqn	atropellar (alguien, algo)
écraser un piéton	atropellar a un peatón
déviation	desvío
discret	discreto
service discret	servicio discreto
immobile	inmóvil
regarder fixement, avoir un regard figé	mirar fijamente, inmóvil
négligé, mal entretenu	descuidado
une plage mal entretenue	una playa descuidada
sous-sol	subsuelo
voyager en sous-sol	viajar por el subsuelo
vacancier	quien está de vacaciones
catalogue de vacances	catálogo de vacaciones
se cacher derrière qqch	esconderse detrás de (algo)
rédiger, composer qqch	componer
rédiger une lettre	componer una carta
chaos de la circulation	caos circulatorio
radioguidage	radio de tráfico
d'accès facile	de fácil acceso
L'hôtel est d'un accès facile.	El hotel está en una zona de fácil acceso.
problème de circulation	problema circulatorio
règle du code de la route	norma de circulación
participant de la circulation	participante en el tráfico
matériau d'emballage	material de embalaje
manquer, rater qqch	perder,
rater l'avion	perder el avión
bloquer qqch	bloquear (algo)
bloquer la vue sur la mer	bloquear la vista al mar
barrer la rue	bloquear la calle
se faire comprendre	hacerse comprender
pouvoir se faire comprendre sans problèmes	hacerse comprender sin problemas
ranger, caser qqch	meter, introducir, almacenar
ranger la valise dans le coffre	meter el equipaje en el maletero
se cacher derrière qqch	esconderse detrás de (algo)
marché de victuailles	mercado de víveres/vituallas
dépasser qqch	pasar por el lado
dépasser une voiture	pasar al lado de un automóvil
précaution	precaución
déguster qqch avec précaution	disfrutar algo con precaución
veille	vigilia
la veille	en la vigilia
wagon	coche de tren
campagne électorale	campaña electoral

wahnsinnig	mad, lunatic
Der Lärm macht mich wahnsinnig.	The noise makes me mad.
der **Wald**, ͤer	forest
wandern [er wanderte, er ist gewandert]	to wander, to hike
auf der Autobahn wandern	to wander on the highway
warnen [er warnte, er hat gewarnt] + A, vor + D	to warn sb of sth
der **Waschbär**, -en	raccoon
der **Weihnachtsbaum**, ͤe	Christmas tree
die **Weltwirtschaftskrise**, -n	global economic crisis
wetterfest	weatherproof
wetterfeste Kleidung	weatherproof clothing
wiedereröffnen, [er eröffnete wieder,	to reopen sth
er hat wiedereröffnet] + A	
einen Bahnhof wiedereröffnen	to reopen a railway station
der **Wintermantel**, ͤ	winter coat
der **Whirlpool**, -s	whirlpool
die **Zerstörung**, -en	destruction, demolition
der **Zigarettenverkäufer**, -	cigarette-seller
zoologisch	zoological
Zoologischer Garten	Zoological Garden
zunächst	at first
das **Zündschloss**, ͤer	ignition lock
den Schlüssel ins Zündschloss stecken	to insert the key into the ignition lock
zurückzahlen [er zahlte zurück, er hat zurückgezahlt] + A	to repay, to reimburse sth
die Hälfte des Preises zurückzahlen	to reimburse half of the price
zusammenschließen [er schloss zusammen,	to join sth
er hat zusammengeschlossen] + A	
das getrennte U-Bahnnetz wieder	to rejoin the previously disconnected
zusammenschließen	subway net
zweckmäßig	practical, purposeful
ein zweckmäßig eingerichtetes Zimmer	a purposefully equipped room
die **Zwischenlandung**, -en	stopover

▦ Kapitel 6: Teil B

▦ Chapter 6: Part B

anlegen [er legte an, er hat angelegt] + A	to invest sth
Geld anlegen	to invest money
angetrieben mit + D	driven, powered, operated, propelled
mit einem Dieselmotor angetriebener Ozeandampfer	a diesel engine driven ocean liner
aufhalten [er hält auf, er hielt auf, er hat aufgehalten] + A	to stop, to hold up sth/sb
Den Siegeszug konnte man nicht mehr aufhalten.	The triumphal procession couldn't be stopped anymore.
auflösen [er löste auf, er hat aufgelöst] + A	to close down sth
eine Fabrik auflösen	to close down a factory
sich **auswirken** [er wirkte sich aus,	to have an effect/impact on sth/sb
er hat sich ausgewirkt] auf + A	
sich auf die Gesundheit positiv/negativ auswirken	to have a positive/negative effect on health

fou	loco
Le bruit me rend fou.	El ruido me vuelve loco.
bois, forêt	bosque
se promener	pasearse, caminar
se promener sur l'autoroute	pasearse por la autopista
prévenir, avertir qqn de qqch	prevenir, avisar (a alguien) de (algo)
raton-laveur	mapache
arbre de Noël	árbol de Navidad
crise économique mondiale	crisis económica mundial
résistant aux intempéries	resistente
vêtements résistants	vestimenta resistente
rouvrir qqch	reabrir (algo)
rouvrir une gare	reabrir una estación
manteau d'hiver	abrigo de invierno
jacuzzi	jacuzzi
destruction	destrucción
vendeur de cigarettes	vendedor de cigarrillos
zoologique	zoológico
Jardin Zoologique	Parque Zoológico
tout d'abord	a continuación
barillet de contact, contact	contacto
introduire la clé dans le contact	introducir la llave en el contacto
rembourser qqch	reembolsar (algo)
rembourser la moitié du prix	reembolsar la mitad del precio
connecter, attacher qqch	conectar (algo)
reconnecter le réseau du métro séparé/ disjoint	reconectar la red de metro separada
pratique, fonctionnel	funcional, práctico
une chambre meublée de manière fonctionnelle	una habitación amueblada de manera funcional
escale	escala

▪ Chapitre 6 : Partie B   ▪ Capítulo 6: Parte B

placer, mettre qqch	invertir, poner
placer son argent	invertir dinero
propulsé, fonctionnant à qqch	propulsar, accionar
un paquebot à propulsion diesel	un transatlántico a propulsión Diesel
arrêter qqch/qqn	parar, detener
On ne pouvait plus arrêter la marche triomphale.	Nadie podía detener la marcha triunfal.
fermer qqch	liquidar
fermer une usine	liquidar una fábrica
influencer qqch/qqn, avoir un effet sur qqch/qqn	influenciar, tener un efecto sobre (algo)
avoir un effet positif/négatif sur la santé	tener un efecto positivo/negativo en la salud

autofrei	car-free
autofreier Sonntag	car-free Sunday
die **Autosteuer**, -n	motor vehicle tax
die **Bekanntschaft**, -en	acquaintance
mit jemandem/etwas Bekanntschaft machen	to get acquainted with sb/sth
die **Beteiligung**, -en an + D	(financial) interest, shareholding in sth
finanzielle Beteiligung an einer Firma	financial interest in a company
die **Dampfmaschine**, -n	steam-engine
die **Diesellokomotive**, -n	diesel locomotive
der **Dieselmotor**, -en	diesel engine
die **Dieselmotorenfabrik**, -en	diesel engine factory
sich **eignen** [er eignete sich, er hat sich geeignet] zu + D	to be suited, to have the talent to sth
Er eignete sich nicht zum Geschäftsmann.	He didn't have the talent to be a businessman.
die **Einweihung**, -en	inauguration
der/die **Familienangehörige** (adjektivisch dekliniert)	family member (declined as an adjective)
faszinieren [er faszinierte, er hat fasziniert] + A	to fascinate sb
flüchten [er flüchtete, er ist geflüchtet]	to take refuge, to flee
der **Flugzeugbauer**, -	airplane constructor
funktionstüchtig	well functioning
eine funktionstüchtige Maschine bauen	to build a well functioning machine
die **Fußgängerzone**, -n	pedestrian zone/area
genial	genial
die **Geschwindigkeitskontrolle**, -n	speed control
die **Gewerbeschule**, -n	vocational school
gesundheitlich	sanitary, healthwise
gleichnamig	of the same name
gleichzeitig	simultaneous
die **Gründung**, -en	foundation, creation
die Gründung einer Firma	formation of a company
die **Industrialisierung**	industrialisation
die **Ingenieurschule**, -n	school of engineering
die **Kabine**, -n	cabin
der **Kraftstoff**, -e	fuel
die **Kriegseinwirkung**, -en	influence of war
die **Lederwarenfabrik**, -en	leather goods factory
die **Maschinenfabrik**, -en	machine works
die **Mautgebühr**, -en	toll
das **Motorschiff**, -e	motor ship
örtlich	local
der **Ozeandampfer**, -	ocean liner
der **Patentprozess**, -e	patent process
der **Pkw**, -s	passenger car
die **Polizeikontrolle**, -n	police control
das **Polytechnikum**	polytechnic school
das **Postschiff**, -e	mail boat
ruiniert	ruined
finanziell ruiniert sein	financially ruined, bankrupt

sans voiture	sin vehículos
dimanche sans voitures	Domingo sin vehículos
taxe sur les véhicules à moteur	tasa sobre los vehículos a motor
connaissance	conocimiento
faire la connaissance de qqch/qqn	trabar conocimiento con alguien /algo
participation à qqch	participación
participation financière dans une compagnie	participación financiera en una empresa
machine à vapeur	máquina a vapor
locomotive diesel	locomotora diesel
moteur diesel	motor diesel
fabrique de moteur diesel	fábrica de motores diesel
avoir les capacités de qqch	calificarse para, tener las cualidades de (algo)
Il n'avait pas les capacités d'un homme d'affaires.	No tiene las cualidades para ser hombre de negocios.
inauguration	inauguración
membre de la famille (décliné comme un adjectif)	miembro de la familia (declinado como adjetivo)
fasciner qqn	fascinar (a alguien)
fuir, se réfugier	huir
constructeur d'avions	constructor de aviones
qui fonctionne	que funciona
construire une machine qui fonctionne (bien)	construir una máquina que funciona
zone piétonne	zona peatonal
génial	genial
contrôle de vitesse	control de velocidad
école professionnelle	escuela profesional
sanitaire	sanitario
du même nom	del mismo nombre
parallèlement, simultanément	al mismo tiempo, simultáneo
fondation, création	fundación
création d'une entreprise	la fundación de una empresa
industrialisation	industrialización
école d'ingénieurs	escuela de ingenieros
cabine	cabina
carburant	carburante
influence de la guerre	influencia en la guerra
fabriques d'articles en cuir	fábrica de artículos de cuero
usine de machines	fábrica de máquinas
péage	peaje
bateau à moteur	barco a motor
local	local
paquebot, navire transatlantique	paquebote, navío transatlántico
processus de brevetage	proceso de patentes
voiture	vehículo
contrôle de police	control policial
école de techniciens supérieurs	escuela politécnica
bateau courrier	barco correo
ruiné	arruinado
être (financièrement) ruiné	estar financieramente arruinado

der **Selbstmord**, -e	suicide
der **Siegeszug**, ⁼e	triumphal procession
das **Tempolimit**, -s	speed limit
die **Todesursache**, -n	cause of death
der **Verbrennungsmotor**, -en	combustion engine
der **Verkehrminister**, -	minister of transport
die **Wärmekraftmaschine**, -n	heat engine
die **Weltausstellung**, -en	world exhibition

▦ Kapitel 7: Teile A, C und D   ▦ Chapter 7: Parts A, C and D

der **Abgabetermin**, -e	deadline, closing date
der **Absender**, -	sender
alternativ	alternative
amüsant	amusing, enjoyable
die **Anerkennung**, -en	recognition, appreciation
Anerkennung haben/finden	to have/gain recognition
angespannt	tense, tight
die **Anspannung**, -en	tension
sich **anstrengen** [er strengte sich an, er hat sich angestrengt]	to strive oneself, to make an effort
die **Anstrengung**, -en	effort
arrogant	arrogant
aufgeben [er gibt auf, er gab auf, er hat aufgegeben] + A	to give up, to abandon sth
den Kampf nicht aufgeben	not to give up the fight
die **Aufzählung**, -en	enumeration
die **Ausdauer**	perseverance
ausdauernd	persistent
die **Ausgabe**, -n	edition
auslösen [er löste aus, er hat ausgelöst] + A	to provoke, to trigger sth
Stress auslösen	to provoke stress
automatisch	automatic
äußer-	external
äußere Bedingungen	external conditions
basieren [er basierte, er hat basiert] auf + D	to base on/upon sth
befreundet mit + D	to be friends with sb
begeistert von + D	enthusiastic over sth
der/die **Behinderte** (adjektivisch dekliniert)	handicapped person (declined as an adjective)
die **Behinderung**, -en	handicap
belasten [er belastete, er hat belastet] + A	to burden sth/sb
eine Beziehung/einen Menschen belasten	to be a strain on a relationship/person
beleidigen [er beleidigte, er hat beleidigt] + A	to offend, to insult sb
einen Freund unabsichtlich beleidigen	to insult a friend unintentionally
beliebt bei + D	popular with sb
die **Beliebtheit**	popularity
bescheiden	modest
die **Betrachtungsweise**, -n	approach

suicide	suicidio
marche triomphale	marcha triunfal
limitation de vitesse	límite de voelocidad
cause de mort	causa de muerte
moteur à explosion	motor a explosión
ministre du transport	ministro de transportes
machine thermique	máquina térmica
exposition mondiale	exposición mundial

▪ Chapitre 7 : Partie A, C et D   ▪ Capítulo 7: Partes A,C y D

date de fin du projet	fecha de entrega
expéditeur	remitente
alternatif	alternativo
amusant	divertido, entretenido
reconnaissance, hommage	reconocimiento
avoir/trouver la reconnaissance	tener, encontrar reconocimiento
tendu	tenso
tension	tensión
se fatiguer, faire un effort	fatigarse
effort	esfuerzo, fatiga
arrogant	arrogante
abandonner qqch/qqn	abandonar (algo)
ne pas abandonner la lutte	no abandonar la lucha
énumération	enumeración
persévérance	perseverancia
persévérant	perseverante
édition	edición
déclencher, provoquer qqch	provocar
déclencher le stress	provocar estrés
automatique	automático
extérieur	exterior, externo
des conditions extérieures	condiciones externas
baser sur qqch	basar en (algo)
être ami avec qqn	ser amigo de (algo/alguien)
enthousiaste, passionné de qqch	entusiasmado con (algo/alguien)
handicapé (décliné comme un adjectif)	minusválido (declinado como adjetivo)
handicap	minusvalía
peser sur qqch/qqn	cargar , ser una carga para (algo)
peser sur une relation/une personne	ser una carga para una relación/una persona
offenser, insulter qqn	ofender a alguien
insulter un ami involontairement	ofender a un amigo involuntariamente
aimé par qqn, populaire auprès de qqn	querido, popular
popularité	popularidad
modeste	modesto
manière de voir les choses	manera de ver las cosas

bewahren [er bewahrte, er hat bewahrt] + A	to keep, to retain sth
die Ruhe bewahren	to keep one's calm
der **Beweis**, -e	proof, evidence
bezweifeln [er bezweifelte, er hat bezweifelt] + A	to doubt, to question sth
eine These bezweifeln	to question a thesis
biblisch	Biblical
die biblische Gestalt Eva	the Biblical figure of Eve
böse auf + A	angry with sb
die **Botschaft**, -en	Embassy
die deutsche Botschaft	the German Embassy
der **Briefträger**, -	mailman, postman
charmant	charming
chemisch	chemical
eine chemische Reaktion	a chemical reaction
clever	clever, smart
ein cleveres Argument	a smart argument
das **Comicheft**, -e	comic (book)
dankbar für + A	thankful for sth
die **Demokratie**, -n	democracy
demokratisch	democratic
die **Denkgewohnheit**, -en	thinking patterns, way of thinking
die **Depression**, -en	depression
das **Desinteresse**	disinterest, lack of interest
diplomatisch	diplomatic
der **Diskussionspartner**, -	discussion partner
der **Dreck**	dirt, filth
drohen [er drohte, er hat gedroht]	to threaten
Es droht Gefahr!	There is danger!
der **Druck**	pressure
Du setzt mich unter Druck.	You put me under pressure.
die **Dynamik**	dynamics
dynamisch	dynamic
eben (nur)	just
Glück ist eben nur eine äußere Bedingung.	Luck is just an external condition.
ebenso (wie)	also, as well (as)
Sie ist ebenso erfolgreich wie ihr Kollege.	She is as successful as her colleague.
egoistisch	egoistic
eher	rather
Das ist eher selten.	This is rather rare.
eifersüchtig auf + A	jealous of sth/sb
die **Eigentumswohnung**, -en	condominium
die **Einstellung**, -en	attitude, approach
Ich habe eine positive Einstellung zum Leben.	I have a positive attitude towards life.
einwandfrei	impeccable, faultless
das **Engagement**, -s	commitment, engagement
entfernen [er entfernte, er hat entfernt] + A	to remove sth
den Kopierer aus dem Büro entfernen	to remove the copy machine from the office

conserver, garder qqch	conservar
garder son sang-froid	conservar la calma
preuve, justification	prueba
mettre en doute qqch	dudar de (algo)
mettre en doute une thèse	dudar de una tesis
biblique	bíblico
le personnage biblique d'Eve	el personaje bíblico de Eva
fâché avec qqn	enfadado con (algo)
ambassade	embajada
Ambassade de l'Allemagne	embajada de Alemania
facteur	cartero
charmant	carismático
chimique	químico
une réaction chimique	una reacción química
astucieux, intelligent	astuto
un argument astucieux	un argumento astuto
bande dessinée	cómic
reconnaissant de qqch	agradecido por (algo)
démocratie	democracia
démocratique	democrático
manière de pensée	manera de pensar
dépression	depresión
désintérêt	desinterés
diplomatique	diplomático
partenaire de discussion	compañero de discusión
salissure	mugre
menacer	amenazar
Il y a danger !	¡Amenaza peligro!
pression	presión
Tu me mets la pression !	Me presionas.
dynamique	dinámica
dynamique	dinámico (adj)
juste	sólo
Le bonheur est juste une condition extérieure.	La suerte no es más que una condición externa.
autant que	tanto como
Elle a autant de succès que son collègue.	Ella tiene tanto éxito como su colega.
égoïste	egoísta
plutôt	más bien
C'est plutôt rare.	Eso es más bien raro.
jaloux de qqch/qqn	celoso de (algo)
appartement habité par son propriétaire	apartamento propio
attitude	actitud
J'ai une attitude positive face à la vie.	Tengo una actitud positiva frente a la vida.
impeccable	impecable
engagement	compromiso
enlever, éloigner qqch	alejar, sacar (algo)
éloigner la photocopieuse du bureau	sacar la fotocopiadora de la oficina

entsetzlich	awful, horrifying
Ich langweile mich entsetzlich.	I am awfully bored.
die **Entspannungsübung**, -en	relaxation exercises
enttäuscht von + D	disappointed by sth/sb
das **Erdzeichen**, -	earth sign
die **Erkältung**, -en	cold
ernten [er erntete, er hat geerntet] + A	to harvest sth
Erfolg ernten	to harvest/gain success
erstaunt über + A	astonished, amazed by sth/sb
erzeugen [er erzeugte, er hat erzeugt] + A	to create, to generate sth
großen Stress erzeugen	to create significant stress
der **Exfreund**, -e	ex, former friend
der **Fan**, -s	fan
feige	coward
fertigstellen [er stellte fertig, er hat fertiggestellt] + A	to finish sth, to get sth done
ein Projekt fertigstellen	to get a project done
fest	fix, stable
eine feste Wendung	set phrase, idiom
sein Unglück fest buchen	to be sure to be unhappy
der **Filmstar**, -s	movie star
der **Fleiß**	diligence, assiduity
die **Flexibilität**	flexibility
der **Fliegenpilz**, -e	fly agaric, toadstool
die **Flucht**, -en	escape, flight
die **Fluglinie**, -n	airline
die **Fortbildungsveranstaltung**, -en	advanced (professional) training
der **Freundeskreis**, -e	cercle of friends
friedlich	peaceful
fressen [er frisst, er fraß, er hat gefressen] + A	to devour sth, to eat sth (animal)
froh über + A	glad about sth
die **Fruchtbarkeit**	fertility
der **Gartenbau**	horticulture
gefühlsbetont	emotional
der **Gegengrund**, ̈e	counter-argument
geizig	avarious, stingy
gelingen [es gelang, es ist gelungen] + D	to succeed in sth, to manage to do sth
Die Flucht gelang ihm.	He managed to escape.
genauso (wie)	just the same (as)
Ich bin genauso arm wie früher.	I am just as poor as before.
die **Gerechtigkeit**	justice, fairness
das **Gerechtigkeitsgefühl**, -e	sense of justice
germanisch	Germanic
die **Geschäftszeit**, -en	opening hours
die **Gesellschaftsordnung**, -en	social order
die **Gestalt**, -en	form, figure
gestresst	stressed
das **Glücklichsein**	(state of) happiness
der **Glücksbringer**, -	lucky charm

épouvantable, horrible	horrible
Je m'ennuie horriblement.	Me aburro horriblemente.
exercice de relaxation	ejercicio de relajación
déçu de qqch/qqn	decepcionado por (algo)
signe de terre	signo de la Tierra
refroidissement	resfrío
récolter qqch	recoger obtener (algo)
obtenir du succès	obtener éxito
stupéfait de qqch/qqn	estupefacto por (algo)
produire qqch	generar, crear (algo)
produire un grand stress	generar mucho estrés
ex-ami	ex-novio
fan	fan
lâche	flojo, cobarde
fabriquer qqch, travailler sur qqch	terminar (algo)
travailler sur un projet	terminar un proyecto
fixe, ferme	fijo, firme
une expression idiomatique	expresión idiomática
garantir son malheur, être sûr de son malheur	garantizar su mala suerte
vedette	estrella de cine
zèle, application	celo, aplicación
flexibilité	flexibilidad
amanite tue-mouches	amanita muscaria
fuite	huida
ligne aérienne	línea aéra
séminaire professionnel	seminario de formación
cercle d'amis	cículo de amistdes
paisible, pacifique	pacífico
dévorer qqch	devorar (algo)
content, heureux de qqch/qqn	contento por (algo)
fertilité	fertilidad
horticulture	horitcultura
sentimental	sentimental
argument contraire	argumento contrario
avare, parcimonieux	avaro
réussir, parvenir	conseguir
Il a réussi à fuir.	Consiguió huir.
aussi que	igual que
Je suis aussi pauvre qu'avant.	Soy tan pobre como antes.
justice	justicia
sens de la justice	sentido de la justicia
germanique	germánico
heures d'ouverture	horas de apertura
ordre social	orden social
forme	forma
stressé	estresado
bonheur, état de bonheur	felicidad
porte-bonheur	portador de suerte, amuleto

das **Glücksgefühl**, -e	feeling happy, happiness
das **Glückssymbol**, -e	symbol of good fortune
der **Glückstreffer**, -	fluke
die **Glückszahl**, -en	lucky number
großzügig	generous
die **Großzügigkeit**	generosity
gründlich	in-depth, thorough
das Problem gründlich untersuchen	to thoroughly examine the problem
die **Gründlichkeit**	thoroughness
gutmütig	well-tempered, good natured
heilig	holy, sacred
heizen [er heizte, er hat geheizt] + A	to heat sth
herausfordern [er forderte heraus, er hat herausgefordert] + A	to challenge sb
Diese Aufgabe fordert mich heraus.	This task challenges me.
die **Herkunft**, ̈e	origin
hervorrufen [er rief hervor, er hat hervorgerufen] + A	to evoke, to generate sth
bestimmte Assoziationen hervorrufen	to evoke certain associations
der **Herzenswunsch**, ̈e	heart's desire
hilfsbereit	helpful, cooperative
die **Hilfsbereitschaft**	helpfulness
das **Hochzeitsdatum**, die Daten	wedding date
das **Horoskop**, -e	horoscope
das **Hufeisen**, -	horseshoe
der **Hundehaufen**, -	dog droppings
idealistisch	idealistic
imponieren [er imponierte, er hat imponiert] + D	to impress sb
Das imponiert mir.	This impresses me.
die **Industrienation**, -en	industry nation
die **Informationsquelle**, -n	source of information
intellektuell	intellectual
intellektuelle Fähigkeiten	intellectual abilities
interviewen [er interviewte, er hat interviewt] + A	to interview sb
Interviewen Sie Ihren Nachbarn.	Interview your neighbour.
intolerant	intolerant
jemals	ever
jeweils	in each case, respectively
Verwenden Sie jeweils zwei Wörter.	Use two words in each case.
die **Jungfrau**, -en	virgin
der **Kamin**, -e	chimney
der **Kämpfer**, -	combatant, fighter
kämpferisch	fierce, battlesome
kämpfen [er kämpfte, er hat gekämpft] für/gegen + A	to fight, to combat for/against sth/sb
für Gerechtigkeit kämpfen	to fight for justice
die **Karibik**	Caribbean
in die Karibik fliegen	to fly to the Caribbean
der **Karrierist**, -en	careerist
das **Kleeblatt**, ̈er	cloverleaf

sentiment de bonheur, béatitude	sentido de felicidad
symbole de bonheur	símbolo de la suerte
coup de chance	golpe de suerte
chiffre porte-bonheur	número de la suerte
généreux	generoso
générosité	generosidad
sérieux, minutieux, en détail	a fondo
examiner le problème en détail	examinar el problema a fondo
minutie	minuciosidad
bon, généreux	bueno, generoso
saint	santo
chauffer	calentar (algo)
défier qqn, être un défi pour qqn	exigir (algo)
Cette tâche est un défi pour moi.	Este encargo es un desafío para mí.
origine	origen
évoquer, susciter qqch	evocar, suscitar (algo)
évoquer certaines associations	evocar determinadas asociaciones
grand désir	deseo de corazón
serviable, coopératif	servil, cooperativo
serviabilité	servicialidad
date du mariage	fecha de boda
horoscope	horóscopo
fer à cheval	herradura
crotte de chien	mierda de perro
idéal, idéalisateur	idealista
impressioner, épater qqn	imponer (a alguien)
Cela m'impressionne.	Eso me impone.
nation industrialisée	nación industrializada
source d'information	fuente de información
intellectuel	intelectual
des capacités intellectuelles	capacidades intelectuales
interviewer qqn	entrevistar
Interviewez votre voisin.	Entreviste a su vecino.
intolérant	intolerante
jamais	nunca
chaque fois, respectivement	cada vez
Utilisez chaque fois deux mots.	Utilice dos palabras cada vez.
vierge	virgen
cheminée	chimenea
combattant	combatiente
combatif	combativo
combattre, lutter pour/contre qqch/qqn	combatir por/contra (algo)
lutter pour la justice	combatir por la justicia
Caraïbes	Caribe
s'envoler pour les Caraïbes	volar al Caribe
arriviste, carriériste	arribista , con afán de carrera
feuille de trèfle	hoja de trébol

der **Konflikt**, -e	conflict
Konflikte vermeiden	to avoid conflicts
der **Kopierer**, -	copy machine
der **Krebs**, -e	Cancer
der **Kursteilnehmer**, -	course participant
die **Kurzform**, -en	shortform
die **Landwirtschaft**	agriculture
lärmend	clamorous, rackety, vociferous
der lärmende Kopierer	the noisy copy machine
das **Lottospiel**, -e	lotto (game)
der **Marienkäfer**, -	ladybug
materiell	material
materieller Wohlstand	material prosperity/wealth
mitbestimmen [er bestimmte mit, er hat mitbestimmt]	to take part in decision-making
In einer Demokratie kann jeder mitbestimmen.	In a democracy everyone can take part in decision-making.
der **Mitstudent**, -en	fellow student
der **Mut**	courage, bravery, audacity
mutig	brave, courageous
das **Nachbarhaus**, "er	next-door house
die **Nachbarschaft**, -en	neighbourhood
nachstellen [er stellte nach, er hat nachgestellt] + A	to place sth after sth
Die Präposition „wegen" kann auch nachgestellt werden.	The preposition "wegen" can be placed after the verb as well.
das **Navigationssystem**, -e	navigation system
neidisch auf + A	envious of sth/sb, jealous of sth/sb
nicht nur … sondern auch …	not only … but also …
Stiere sind nicht nur charmante, sondern auch friedfertige Menschen.	Tauruses are not only charming but also pacific.
niemals	never
oberflächlich	superficial
offenbar	obvious, evident
ökonomisch	economic(al)
die ökonomische Lage	economic situation
der **Ölpreis**, -e	oil price
die **Palme**, -n	palm
Das bringt mich auf die Palme. (idiom.)	This drives me crazy. (idiom.)
die **Personalkosten** (Pl.)	labour costs
die **Perspektive**, -n	perspective
der **Pflanzenschädling**, -e	pest
die **Präzision**	precision
sich **weiterqualifizieren** [er qualifizierte sich weiter, er hat sich weiterqualifiziert]	to improve oneself professionally, to obtain additional degrees
rational	rational
der **Rausch**	inebriation, intoxication
die **Rauschwirkung**, -en	inebriating effect
realitätsbewusst	aware of the reality, realistic
das **Realitätsbewusstsein**	reality awareness

conflit	conflicto
éviter des conflits	evitar conflictos
photocopieuse	fotocopiadora
Cancer	Cáncer
participant du cours, élève	participante en un curso
abréviation	abreviación
agriculture	agricultura
bruyant	ruidoso
la photocopieuse bruyante	la fotocopiadora ruidosa
(jeu de) loto	lotería
coccinelle	mariquita
matériel	material
bien-être matériel, abondance matérielle	bienestar material
participer à la décision	participar en la decisión
Dans une démocratie chacun peut participer aux décisions.	En una democracia todos participan en las decisiones.
camarade, condisciple	camarada, condiscípulo
courage, audace	valor, coraje
courageux, brave	valeroso
maison voisine	casa vecina
voisinage	vecindario
postposer qqch	posponer (algo)
La préposition « wegen » peut être aussi postposée.	La preposición «wegen» también se puede posponer.
système de navigation	sistema de navegación
envieux	envidioso
non seulement … mais aussi	no sólo … sino también
Les Taureaux sont non seulement des personnes charmantes mais aussi pacifiques.	Los Tauro no son sólo carismáticos sino también pacíficos.
jamais	nunca
superficiel	superficial
évident	evidente
économique	económico
la situation économique	la situación económica
prix du pétrole	precio del petróleo
palmier	palma
Cela me fait grimper aux rideaux. (idiom.)	Eso hace que me suba por las paredes.
coût de personnel	costes de personal (plural)
perspective	perspectiva
espèce nuisible aux plantes	animal nocivo para las plantas
précision	precisión
obtenir une autre qualification	obtener otra calificación más
rationnel	racional
enivrement, intoxication	borrachera, embriaguez
effet enivrant	efecto embriagador
conscient de la réalité	consciente de la realidad
conscience de la réalité	consciencia de la realidad

der **Reformer**, -	reformer
der **Respekt** vor + D	respect for sth/sb
vor fleißigen Menschen Respekt haben	to have respect for industrious people
die **Rettung**	rescue, salvation
risikofreudig	willing to take risks
riskieren [er riskierte, er hat riskiert] + A	to risk sth
eine Ablehnung riskieren	to risk rejection
rücken [er rückte, er ist gerückt]	to advance, to move up
beruflich in die erste Reihe rücken	to move up into the first line
der **Ruf**, -e	reputation
einen guten/schlechten Ruf haben	to have a good/bad reputation
schädlich für + A	harmful for sth/sb
scheu	shy
der **Schornsteinfeger**, -	chimney sweep
die **Schriftsprache**, -n	written language
sich **sehnen** [er sehnte sich, er hat sich gesehnt] nach + D	to long for sth
die **Sitzreihe**, -n	row of seats
das **Sortiment**, -e	assortment
sowohl ... als auch ...	as well as, both ... and ...
Fische sind sowohl bescheiden als auch kreativ.	Fishes are both modest and creative.
spüren [er spürte, er hat gespürt] + A	to feel sth
Schmerzen/Freude spüren	to feel pain/joy
die **Stabilität**	stability
die **Stärke**, -n	strength
der **Steinbock**, ⁞e	Capricorn
das **Sternzeichen**, -	zodiac sign
der **Stier**, -e	Taurus
streben [er strebte, er hat gestrebt] nach + D	to strive for sth
nach immer mehr Erfolg streben	to always strive for more success
streitsüchtig	quarrelsome, polemic
der **Stressabbau**	stress reduction
stressig	stressful
die **Stressreaktion**, -en	stress reaction
stressen [er stresste, er hat gestresst] + A	to stress sb
Diese Situation stresst mich.	This situation stresses me.
das **Symbol**, -e	symbol
die **Tatsache**, -n	fact
teilhaben lassen [er lässt teilhaben, er ließ teilhaben, er hat teilhaben lassen] + A, an + D	to share sth with sb
Die Lottogewinnerin ließ die Familie an ihrem Reichtum teilhaben.	The lotto winner shared her fortune with her family.
der **Tellerwäscher**, -	dish washer
der **Termindruck**	deadline pressure
der **Therapeut**, -en	therapeute
die **These**, -n	thesis
eine These beweisen/bezweifeln/widerlegen	to prove/to question/to refute a thesis
die **Tradition**, -en	tradition

réformateur	reformador
respect pour qqch/qqn	respeto por
avoir du respect pour les gens diligents	tener respeto por la gente diligente
sauvetage	salvación
téméraire, qui aime le risque	aventurero, que ama el riesgo
risquer qqch	arriesgar (algo)
risquer un rejet	arriesgarse a un rechazo
avancer	avanzar
progresser dans sa carrière	avanzar en su carrera
réputation	fama, renombre, reputación
avoir une bonne/mauvaise réputation	tener buena/mala reputación
nuisible pour qqch/qqn	nocivo para (algo)
timide	tímido
ramoneur	deshollinador
langage écrit	lengua escrita
se languir, désirer qqch/qqn	añorar algo
gradin	grada
assortiment	surtido
et … et …/non seulement … mais encore …	no sólo … sino también/tanto … como también
Les Poissons sont non seulement modestes, mais encore créatifs.	Los Piscis tanto modestos como también creativos.
sentir, ressentir	sentir
ressentir de la peine/de la joie	sentir dolor/felicidad
stabilité	estabilidad
force, qualité	fuerza
Capricorne	Capricornio
signe du zodiaque	signo del zodíaco
Taureau	Tauro
aspirer à qqch	esforzarse por
aspirer à toujours plus de succès	esforzarse siempre por tener más éxito
querelleur	querellante
réduction de stress	reducción del estrés
stressant	estresante
réaction de stress	reacción de estrés
stresser qqn	estresar (algo)
Cette situation me stresse.	Esta situación me estresa.
symbole	símbolo
fait, réalité	hecho
faire partager qqch à qqn	hacer partícipe
La gagnante du loto a fait partager sa richesse à sa famille.	La ganadora de la lotería hizo partícipe a su familia de su riqueza.
laveur d'assiettes	lavaplatos
pression par rapport aux délais	presión por fechas límite
thérapeute	terapeuta
thèse	tesis
prouver/mettre en doute/réfuter une thèse	probar/dudar/refutar una tesis
tradition	tradición

sich **trauen** [er traute sich, er hat sich getraut]	to dare
Ich traue mich nicht, ihm die Wahrheit zu sagen.	I don't dare to tell him the truth.
das **Traumauto**, -s	dream car
treu sein + D	to be true/faithful to sb
Ich bin dir treu.	I am true to you.
trotz + G	despite sth, in spite of sth
Trotz des Staus ist niemand gestresst.	In spite of the traffic jam nobody is stressed.
sich **überarbeiten** [er überarbeitete sich, er hat sich überarbeitet]	to overwork oneself
sich **überfordern** [er überforderte sich, er hat sich überfordert]	to overstrain oneself
übersehen [er übersieht, er übersah, er hat übersehen] + A	to overlook sth
eine Chance/einen Fehler übersehen	to overlook a chance/a fault
umweltfreundlich	environment-friendly
unabsichtlich	unintentional
einen Freund unabsichtlich beleidigen	to insult a friend unintentionally
unehrlich	dishonest
unerfüllt	unfulfilled
die unerfüllte Suche nach dem Glück	the unfulfilled quest for happiness
unflexibel	inflexible
das **Unglück**, -e	accident
unglücklich	unhappy
sich/einen anderen Menschen unglücklich machen	to make oneself/another person unhappy
die **Unglückszahl**, -en	unlucky number
unterhaltsam	amusing, diverting
untreu + D	untrue, unfaithful to sb
Er war mir untreu.	He was untrue to me.
unvernünftig	unreasonable
unzuverlässig	unreliable
verantwortungsvoll	responsible
verfolgen [er verfolgte, er hat verfolgt] + A	to pursue sth/sb
ein Ziel verfolgen	to pursue a goal
vergiften [er vergiftete, er hat vergiftet] + A	to poison sb
einen Menschen vergiften	to poison a person
der **Vergleich**, -e	comparison
die **Vergleichsstudie**, -n	comparative study
der **Verkaufserfolg**, -e	sales success
verkörpern [er verkörperte, er hat verkörpert] + A	to embody sth
Kraft und Stärke verkörpern	to embody power and strength
vermindern [er verminderte, er hat vermindert] + A	to reduce, to lower sth
Faktoren, die Stress auslösen, vermindern	to reduce the factors that provoke stress
die **Vernunft**	reason
die **Versorgung**	supply, maintenance
soziale Versorgung	social care
verständlich	understandable, comprehensible
verständnisvoll	understanding
ein verständnisvoller Diskussionspartner	an understanding discussion partner

oser, avoir le courage	osar
Je n'ai pas le courage de lui dire la vérité.	No oso decirle la verdad.
voiture de rêve	auto de ensueño
fidèle à qqch/qqn	ser fiel (a alguien)
Je te suis fidèle.	Te soy fiel.
malgré qqch/qqn	a pesar de (algo)
Malgré l'embouteillage personne n'est stressé.	A pesar del atasco nadie se estresa.
se surmener	sobrecargarse de trabajo
se surcharger	sobre exigirse
ne pas remarquer, ignorer qqch/qqn	no darse cuenta de
ne pas remarquer une chance/une faute	no darse cuenta de un error, de una oportunidad
écologique	ecológico
involontaire	involuntario
insulter un ami involontairement	ofender a un amigo involuntariamente
malhonnête	deshonesto
inaccompli, inachevé	incompleto, sin éxito
recherche inachevée du bonheur	la búsqueda sin éxito de la felicidad
inflexible	inflexible
accident	accidente
malheureux	infeliz
se rendre malheureux (soi-même)	hacer a sí mismo infeliz
chiffre porte-malheur	número de la mala suerte
amusant	entretenido
infidèle à qqch/qqn	infiel
Il m'était infidèle.	Me fue infiel.
irraisonnable	irracional
pas/peu fiable	no fiable
responsable	responsable
poursuivre qqch/qqn	perseguir
poursuivre son but	perseguir un objetivo
empoisonner qqch/qqn	envenenar, emponzoñar
empoisonner une personne	envenenar a una persona
comparaison	comparación
étude comparative	estudio comparativo
succès de ventes	éxito de ventas
incarner qqch/qqn	encarnar (algo)
incarner la force et la puissance	encarnar la fuerza y el poder
diminuer, réduire qqch/qqn	reducir, disminuir
réduire les facteurs qui déclenchent le stress	reducir los factores que provocan estrés
raison	razón
assistance	asistencia
assistance sociale	asistencia social
compréhensible	comprensible
compréhensif	comprensivo
un partenaire de discussion compréhensif	un compañero de discusión comprensivo

verstopft	blocked, clogged
Der Kamin ist verstopft.	The chimney is blocked/clogged.
verursachen [er verursachte, er hat verursacht] + A	to cause, to produce, to provoke sth
(keinen) Stress verursachen	(not) to provoke (any) stress
vierblättrig	four-leaved
ein vierblättriges Kleeblatt	four-leaved clover
vital	vital
die **Vitalität**	vitality
die **Voraussetzung**, -en	precondition, premise
Geld ist auch eine Voraussetzung für ein glückliches Leben.	Money is also a precondition for a happy life.
sich **vordrängeln** [er drängelte sich vor, er hat sich vorgedrängelt]	to push to the front, to jump the queue
die **Waage**, -n	Libra
der **Wassermann**, ̈er	Aquarius
weder ... noch ...	neither ... nor ...
Geld allein macht weder glücklich noch unglücklich.	Money alone makes you neither happy nor unhappy.
weggehen [er ging weg, er ist weggegangen]	to go out/away, to leave for good
das **Weihnachten**, -	Christmas
weiterkommen [er kam weiter, er ist weitergekommen]	to advance, to get ahead
Ich komme nicht weiter.	I am not going anywhere.
weltweit	worldwide
das **Weltwunder**, -	wonder of the world
die **Wertschätzung**, -en	esteem
die hohe Wertschätzung des Pferdes	the high esteem for horses
westlich	western
der **Widder**, -	Aries
die **Wirklichkeit**, -en	reality
der **Wohlstand**	wealth, prosperity
wütend auf + A	furious with sb
der **Zauberspruch**, ̈e	magic spell
das **Zeichen**, -	sign
zentral	central
ein zentrales Thema	a central topic
zerbrechen [er zerbricht, er zerbrach, er ist zerbrochen]	to break
Der Spiegel zerbricht.	The mirror gets broken.
zufolge + D	according to sth/sb
Untersuchungen zufolge fühlen sich viele Menschen nicht glücklich.	According to researches many people don't feel happy.
die **Zufriedenheit**	satisfaction
sich **zurückhalten** [er hält sich zurück, er hielt sich zurück, er hat sich zurückgehalten]	to remain reserved, to keep a low profile
zurückhaltend	reserved
die **Zurückhaltung**	caution, reserve
die **Zuverlässigkeit**	reliability
zweifeln [er zweifelte, er hat gezweifelt] an + D	to doubt, to question sth
an den eigenen Fähigkeiten zweifeln	to doubt one's own abilities

bouché	atorado
La cheminée est bouchée.	La chimenea está atorada.
causer, provoquer qqch	causar (algo)
(ne pas) provoquer du stress	(no) causar estrés
à quatre feuilles	de cuatro hojas
trèfle à quatre feuilles	trébol de cuatro hojas
vital	vital
vitalité	vitalidad
condition préalable, prérequis	premisa
L'argent est aussi une condition préalable pour une vie heureuse.	El dinero es una premisa para una vida feliz.
passer devant qqn	adelantar
Balance	Libra
Verseau	Acuario
ni … ni …	ni … ni …
L'argent seul ne rend ni heureux ni malheureux.	El dinero por sí solo no hace feliz ni infeliz.
s'en aller, partir	partir, irse
Noël	Navidad
avancer	avanzar
Je suis bloqué.	No avanzo.
partout dans le monde	por todo el mundo
merveille du monde	maravilla del mundo
estime, respect	estima, respeto
le grand respect pour les chevaux	alta estima por los caballos
occidental	occidental
Bélier	Sagitario
réalité	realidad
abondance, richesse	abundancia riqueza
furieux de qqn	furioso por (algo)
formule magique	formula mágica
signe	signo
central	central
un sujet central	un tema central
se casser	romper
Le miroir se casse.	El espejo se rompe.
d'après qqch/qqn	de acuerdo con, según
Les études montrent que beaucoup de gens ne se sentent pas heureux.	De acuerdo con las investigaciones mucha gente se siente infeliz.
satisfaction	satisfacción
se retenir, rester réservé	retenerse, frenarse
discret, réservé	discreto, reservado
prudence, retenue	prudencia, reserva
fiabilité	fiabilidad
douter de qqch/qqn	dudar de (algo)
douter de ses propres capacités	dudar de las capacidades propias

zweiteilig	two-part
zweiteilige Konjunktionen	two-part conjunctions
der **Zwilling**, -e	Gemini

■ Kapitel 7: Teil B | ■ Chapter 7: Part B

absurd	absurd
angeblich	allegedly
der **Apfelbaum**, ¨e	apple tree
austragen [er trägt aus, er trug aus, er hat ausgetragen] + A	to settle sth
einen Streit/einen Konflikt austragen	to settle an argument/a conflict
auskommen [er kam aus, er ist ausgekommen]	to get along with sb
mit den Nachbarn gut auskommen	to get along well with the neighbours
auszusetzen haben [er hatte auszusetzen, er hat auszusetzen gehabt] an + D	to find fault with sth/sb
nichts am Nachbarn auszusetzen haben	not to find any fault with the neighbour
die **Axt**, ¨e	axe
beilegen [er legte bei, er hat beigelegt] + A	to arrange, to settle sth
einen Konflikt beilegen	to settle a conflict
die **Bereicherung**, -en	enrichment
die **Blüte**, -n	blossom, flower
böse	mean, evil
der **Cowboy**, -s	cowboy
die **Einigung**, -en	agreement, consent
erschießen [er erschoss, er hat erschossen] + A	to shoot (dead) sb
ein Tier erschießen	to shoot an animal
der **Gartenzaun**, ¨e	garden fence
der **Geruch**, ¨e	odour, aroma
der **Handwerkerlärm**	noise of craftworking
heimlich	secretly
heimzahlen [er zahlte heim, er hat heimgezahlt] + D	to take revenge on sth, to pay back to sb
Ich werde es dir heimzahlen.	I`ll pay it back to you.
der **Kinderlärm**	noise of the children
das **Kompliment**, -e	compliment
krankenhausreif	requiring hospitalisation
den Nachbarn krankenhausreif schlagen	to beat the neighbour to the point where he needs hospitalisation
langwierig	longsome
ein langwieriger Prozess	a long process
der **Lebensinhalt**, -e	purpose in life, sense of life
das **Luftgewehr**, -e	air rifle
die **Nachbarschaftshilfe**	neighbourly aid, mutual help
der **Nachbarschaftskonflikt**, -e	conflict between neighbours
der **Papagei**, -en	parrot
pflücken [er pflückte, er hat gepflückt] + A	to pick sth
Blumen/Äpfel pflücken	to pick flowers/apples
das **Phänomen**, -e	phenomenon
die **Privatsphäre**, -n	privacy

en deux parties

en dos partes

   les locutions conjonctives

   locuciones conjuntivas

Gémeau

gemelo, mellizo

■ Chapitre 7 : Partie B

■ Capítulo 7: Parte B

absurde

absurdo

apparemment

aparentemente

pommier

manzano

régler qqch

arreglar

   régler une querelle/un conflit

   arreglar una querella, un conflicto

s'entendre avec qqn

entenderse con

   s'entendre bien avec les voisins

   me entiendo bien con mi vecino

avoir à redire à qqch/qqn

tener que ajustar con (alguien)

   ne rien avoir à redire au voisin

   no tengo nada que decirle a mi vecino

hache

hacha

mettre de côté, oublier qqch

dejar de lado

   mettre de côté un conflit

   dejar un conflicto de lado

enrichissement

enriquecimiento

floraison, fleur

floración

méchant

malvado

cow-boy

vaquero

entente, accord

acuerdo

fusiller qqn

abatir, fusilar

   abattre un animal (par un coup de fusil)

   abatir un animal

clôture de jardin

verja del jardín

odeur

olor

bruit du bricolage

ruido de bricolaje

en secret

secreto

rendre la pareille à qqn

pagar por el mismo valor, reembolsar.

   Je te rendrai la pareille.

   Te la devolveré.

bruit des enfants

ruido de niños

compliment

cumplido

hospitalisable, qui doit être hospitalisé

que debe ser hospitalizado

   frapper le voisin au point qu'il ait besoin d'être hospitalisé

   pegar al vecino de tal modo que debe ser hospitalizado

de longue durée, long

aburrido

   un long procès

   un proceso aburrido

sens de la vie

sentido de la vida

fusil à air comprimé

arma de aire comprimido

entraide de voisinage

ayuda vecinal

conflit entre voisins

conflicto vecinal

perroquet

papagayo

cueillir qqch

coger

   cueillir des fleurs/pommes

   coger flores/manzanas

phénomène

fenómeno

sphère privée

esfera privada

der **Prozess**, -e	legal proceedings
gegen jemanden einen Prozess führen	conduct legal proceedings against so.
die **Rache**	revenge
sich **rächen** [er rächte sich, er hat sich gerächt]	to revenge, to take revenge
rassistisch	racist
rassistische Äußerungen	racist comments
reif	ripe
die **Rosine**, -n	raisin
der **Rotfuchs**, ̈e	red fox
die **Schuld** an + D	fault, responsibility for sth
am Konflikt Schuld sein	to be responsible for the conflict
der **Sozialpsychologe**, -n	social psychologist
der **Streit**, -e	fight
der **Streitfall**, ̈e	case, clash
der **Streitgegner**, -	opponent
das **Taschenbuch**, ̈er	pocket book
die **Trauer**	mourning
überfahren [er überfährt, er überfuhr, er hat überfahren] + A	to run over sth/sb
einen Hund überfahren	to run over a dog
die **Unsauberkeit**, -en	uncleanliness
vergesslich	oblivious
verlernen [er verlernte, er hat verlernt] + A	to unlearn, to forget sth
Die Deutschen haben es verlernt, Konflikte zu lösen.	German people have forgotten how to solve conflicts.
sich **versöhnen** [er versöhnte sich, er hat sich versöhnt]	to reconcile, to make peace with sth/sb
die **Wochenendbeilage**, -n	supplement, insert

▦ Kapitel 8: Teile A, C und D   ▦ Chapter 8: Parts A, C and D

der **Abschluss**	completion, ending
ein Projekt zum Abschluss bringen	to complete a project
ablaufen [er läuft ab, er lief ab, er ist abgelaufen]	to pass, to take place
Das Frühstück läuft interessant ab.	The breakfast goes off in an interesting way.
der/die **Adlige** (adjektivisch dekliniert)	nobleman (declined as an adjective)
alkoholisch	alcoholic
alkoholische Getränke	alcoholic beverages
anbraten [er brät an, er briet an, er hat angebraten] + A	to roast (gently) sth
Fleisch anbraten	to gently roast the meat
andererseits (immer in Verbindung mit „einerseits")	on the other hand (always together with "einerseits/on the one hand")
die **Änderung**, -en	change, modification
angewiesen sein auf + A	to depend on sth/sb
Ich bin auf deine Hilfe angewiesen.	I depend on your help.
die **Anleitung**, -en	direction, guidance
unter Anleitung arbeiten	to work under guidance
die **Antipasti** (Pl.)	antipasti, starter
appetitlich	appetizing

procès
 être en procès contre qqn
vengeance
se venger
raciste
 des remarques racistes
mûr
raisins secs
renard roux
responsabilité dans qqch
 avoir une responsabilité dans le conflit
psychosociologue
querelle, dispute
cas litigieux
partie adverse
livre de poche
deuil
écraser qqch/qqn
 écraser un chien
malpropreté
oublieux
désapprendre, oublier qqch
 Les Allemands ont oublié comment
 résoudre les conflits.
se réconcilier
supplément du week-end

proceso
 llevar un proceso contra alguien
venganza
vengarse
racista
 expresiones racistas
maduro
uva pasa
zorro rojo
culpa por
 ser culpable por el conflicto
sociopsicólogo
pelea, disputa, querella
caso litigioso
parte contraria
libro de bolsillo
duelo
atropellar
 atropellar un perro
suciedad
olvidadizo
olvidar, desaprender
 Los alemanes han olvidado a resolver
 conflictos.
reconciliarse
suplemento de fin de semana

▪ Chapitre 8 : Partie A, C et D

▪ Capítulo 8: Partes A,C y D

terminaison, bilan, diplôme
 mener un projet à terme
dérouler
 Le petit déjeuner se déroule de façon
 intéressante.
noble, aristocrate (décliné comme un adjectif)
alcoolisé
 des boissons alcoolisées
faire revenir qqch
 faire revenir la viande
d'autre part (toujours en connexion avec
  « d'une part »)
changement, modification
dépendre de qqch/qqn
 Je dépends de ton aide.
instruction
 travailler sous assistance
hors d'œuvres
appétissant

término, conclusión, diploma
 llevar un poryecto a término
desarrollarse
 El desayuno se desarrolló de manera
 interesante.
noble
alcohólico
 bebidas alcohólicas
asar
 asar la carne
por otro lado (siempre en conjunto con
  «por un lado»)
cambio, modificación
depender de (algo)
Dependo de tu ayuda.
instrucciones
 trabajar bajo asistencia
entremeses
apetitoso

ausgesucht	selected
ausgesuchte Zutaten	selected ingredients
die **Ausstellungseröffnung**, -en	inauguration of the exhibition
sich **auszeichnen** [er zeichnete sich aus, er hat sich ausgezeichnet] durch + A	to excel, to stand out due to sth
Das Restaurant zeichnet sich durch schnelle Zubereitung aus.	The restaurant excels due to the short preparation time.
die **Backware**, -n	pastrie
der **Bauer**, -n	farmer
behilflich	helpful, assistant, collaborative
der **Beinbruch**	fracture of the leg
Hals- und Beinbruch!	Break a leg!
benötigen [er benötigte, er hat benötigt] + A	to need, to require sth/sb
Welche Zutaten benötigt man für dieses Gericht?	What ingredients do you need to prepare this meal?
der **Bestandteil**, -e	component, element
bezahlbar	affordable
die **Bratwurst**, ꞌe	fried sausage
sich (D) **brechen** [er bricht sich, er brach sich, er hat sich gebrochen] + A	to break sth
Ich habe mir das Bein gebrochen.	I broke my leg.
der **Briefbeginn**, -e	beginning of a letter
das **Briefende**, -n	ending of a letter
das **Croissant**, -s	croissant
der **Curry**	curry
der **Daumen**, -	thumb
dekorieren [er dekorierte, er hat dekoriert] + A	to decorate sth
das Essen mit Blumenblättern dekorieren	to decorate the meal with flower petals
demonstrieren [er demonstrierte, er hat demonstriert] + A	to demonstrate sth
seinen Reichtum demonstrieren	to demonstrate his wealth
der **Diamant**, -en	diamond
der **Diplomphysiker**, -	graduate physicist
die **Donau**	Danube
drängen [er drängte, er hat gedrängt] + A	to push sth
etwas in den Hintergrund drängen	to relegate sth to the background
drücken [er drückte, er hat gedrückt] + A	to press sth
Ich drücke dir die Daumen!	I keep my fingers crossed for you!
eindrucksvoll	impressive
eine eindrucksvolle Präsentation halten	to hold an impressive presentation
einerseits (immer in Verbindung mit „andererseits")	on the one hand (always together with "andererseits/on the other hand")
einheimisch	native, local
einheimisches Bier	local beer
einplanen [er plante ein, er hat eingeplant] + A	to budget, to plan sth
für das Abendessen 100 Euro einplanen	to budget 100 euros for the dinner
einstellen [er stellte ein, er hat eingestellt] + A	to employ, to hire sb
einen neuen Mitarbeiter einstellen	to hire a new employee

choisi	escogido
des ingrédients choisis	ingredientes escogidos
inauguration de l'exposition	inauguración de la exposición
exceller par qqch	destacar por (algo)
Le restaurant excelle par la rapidité de préparation des plats.	El restaurante destaca por la rapidez en la preparación de los platos.
pâtisserie	pastelería
fermier, paysan	granjero, campesino
utile	dispuesto
fracture de la jambe	fractura de pierna
Bonne chance !	¡Buena suerte!
avoir besoin de qqch	necesitar (algo)
De quels ingrédients a-t-on besoin pour ce plat ?	¿Qué ingredientes se necesitan para este plato?
composant, élément	elemento
payable, abordable	pagable
saucisse grillée	salchicha frita
se casser qqch	romperse (algo)
Je me suis cassé la jambe.	Me he roto la pierna.
début de lettre	encabezamiento
fin de lettre, formule de politesse en fin de lettre	terminación de la carta
croissant	cruasán
curry	curry
pouce	pulgar
décorer qqch	decorar
décorer le repas avec des pétales de fleurs	decorar la comida con pétalos
démontrer, manifester qqch	demostrar (algo)
faire état de sa richesse	demostrar su riqueza
diamant	diamante
physicien diplômé	físico diplomado
Danube	Danubio
repousser, reléguer qqch	llevar, arrastrar
reléguer qqch à l'arrière-plan	llevar al trasfondo
appuyer sur qqch, serrer qqch	presionar (algo)
Je croise les doigts ! (idiom.)	¡Cruzo los dedos por ti!
impressionnant	impresionante
faire une présentation impressionnante	hacer una presentación impresionante
d'une part (toujours suivi de « andererseits/ d'autre part »)	por una parte (siempre en conjunto con «por otro lado»)
indigène, local	local
bière locale	cerveza local
prévoir qqch	planificar, prever
prévoir 100 euros pour le dîner	prever 100 euros por la cena
embaucher, employer qqn	sintonizar, contratar (a alguien)
embaucher un nouvel employé	contratar a un nuevo trabajador

sich **einstellen** [er stellte sich ein, er hat sich eingestellt]	to occur
Das Sättigungsgefühl stellt sich ein.	A feeling of repletion will be noticeable.
die **Entenbrust**, ̈e	duck breast
ergeben [er ergibt, er ergab, er hat ergeben] + A	here: to show sth
Die Studie ergab ein erstaunliches Ergebnis.	The study shows a stunning result.
erheblich	remarkable, considerable
erhebliche Unterschiede	considerable differences
die **Eröffnungsrede**, -n	inaugural speech
eine Eröffnungsrede halten	to deliver an inaugural speech
die **Esskultur**, -en	eating habits/traditions
erwähnen [er erwähnte, er hat erwähnt] + A	to mention sth
der **Familienalltag**	everyday life in the family
das **Fass**, ̈er	barrel
der **Feinschmecker**, -	gourmet
das **Feld**, -er	field
das **Fett**, -e	fat
die **Filiale**, -n	branch, subsidiary
der **Flusskrebs**, -e	crayfish, crowdad
die **Fußgängerzone**, -n	pedestrian area
die **Gans**, ̈e	goose
der **Gänsebraten**, -	roast goose
das **Gefängnis**, -se	jail
gehoben	high, lifted
gehobene Küche	upscale cuisine
die **Gerste**	arley
der **Gerstenbrei**, -e	barley porridge
das **Getreide**	cereal
das **Getreideprodukt**, -e	cereal product
das **Gewürz**, -e	spice
gezapft	draught, draft
frisch gezapftes Bier	fresh beer on tap
goldbraun	golden brown
der **Grill**, -s	grill
Gerichte vom Grill	food from the grill/BBQ
gutbürgerlich	bourgeois
gutbürgerliche Küche	home-style cooking
hacken [er hackte, er hat gehackt] + A	to hack/chop
Kräuter hacken	to chop herbs
die **Hauptattraktion**, -en	main attraction
die **Hauptspeise**, -n	main course
der **Hauswein**, -e	house wine
hektisch	hectic
hektisch einen Schluck Kaffee trinken	to quickly take a sip of coffee
der **Hirsch**, -e	deer
der **Hirschbraten**, -	roast deer
die **Hirse**	millet, sorghum
hochwertig	high-quality
eine hochwertige Ware	a product of high quality

se présenter, se manifester | presentarse, manifestarse
La sensation de plénitude se manifeste. | La sensación de plenitud se manifiesta.
magret de canard | pechuga de pato
donner qcch | dar (algo)
L'étude a donné un résultat étonnant. | El estudio da un resultado soprendente.
considérable, important | considerable
des différences considérables | considerables diferencias
discours d'ouverture | discurso de apertura
tenir un discours d'ouverture | dar el discurso de inauguración
tradition culinaire | tradición gastronómica
mentionner qqch/qqn | mencionar (algo)
vie quotidienne de la famille | vida cuotidiana familiar
tonneau | tonel
gourmet | gurmet
champ | campo
gras, graisse | grasa
filiale | filial
écrevisse | cangrejo de río
zone piétonne | zona peatonal
oie | ganso, oca
oie rôtie | asado de ganso
prison | prisión
élevé, haut | alto, elevado
haute cuisine | alta cocina
orge | cebada
gruau d'orge | puré o papilla de cebada
céréale | cereales
produit à la base de céréales | producto de cereales
épice | especias
à la pression | a presión
bière fraîche à la pression | cerveza recién tirada
mordoré | dorado
grill | parrilla
des plats grillés | platos a la parrilla
ici : traditionnel, simple | aquí: tradicional, simple
cuisine traditionelle | cocina tradicional
hacher qqch | picar (algo)
hacher des herbes | picar las hierbas
attraction principale | atracción principal
plat principal | plato principal
vin maison | vino de la casa
agité, rapide | rápido
boire rapidement un peu de café | beber un sorbo de café rápidamente
cerf | ciervo
rôti de cerf | asado de ciervo
mil, millet | mijo
de grande valeur | valioso
marchandise de grande valeur | artículo valioso

German	English
hungern [er hungerte, er hat gehungert]	to starve
das **Internetcafé**, -s	cybercafé
der **Jahreswechsel**, -	turn of the year
jedenfalls	in any case, by all means
der **Kakao**	cacao
das **Kalzium**	calcium
klappen [er klappte, er hat geklappt]	to work, to function
Das hat nicht geklappt.	It didn't work out.
Der Service klappt hervorragend.	The service works excellently.
klingeln [er klingelte, er hat geklingelt]	to ring
Das Handy klingelt.	The cell/mobile phone rings.
knackig	firm, crisp
knackiges Brot/Gemüse	crisp bread/vegetables
der **Knochen**, -	bone
das **Kompliment**, -e	compliment
das **Konsulat**, -e	Consulate
beim Konsulat ein Visum beantragen	to apply for a visa at the Consulate
Korea	Korea
der **Kreuzkümmel**	cumin, jeera
der **Kulturkreis**, -e	cultural cercle/environnent
der **Kümmel**	caraway
der **Kurfürst**, -en	Elector, Duke
der **Lavendel**	lavender
der **Leibarzt**, ˮe	private physician
leidenschaftlich	passionate
die **Linse**, -n	lentil
das **Lokal**, -e	local, pub
der **Magen**, ˮ	stomach
das **Magnesium**	magnesium
die **Mandel**, -n	almond
mediterran	Mediterranean
mediterrane Küche	Mediterranean kitchen
das **Mehl**	flour
mexikanisch	Mexican
der **Milchkaffee**, -s	caffè latte, coffee with milk
die **Milliarde**, -n	billion, milliard
mittelalterlich	medieval
mittelalterliche Ritter	medieval knight
morgendlich	matitunal, morning
die morgendliche Hektik	morning rush
der **Morgentrunk**	morning beverage
die **Muschel**, -n	mussel, scallop
das **Müsli**	muesli, cereals
das **Nationalgericht**, -e	national dish
die **Nelke**, -n	cloves
niesen [er nieste, er hat geniest]	to sneeze
die **Nudel**, -n	noodle
der **Obstsaft**, ˮe	fruit juice

souffrir de la faim	pasar hambre
cybercafé	cybercafé
tournant de l'année	fin de año
en tout cas	en todo caso
cacao	cacao
calcium	calcio
fonctionner, marcher	funcionar
Cela n'a pas marché.	No ha podido ser.
Le service fonctionne de façon excellente.	El servicio funciona estupendamente.
sonner	sonar
Le téléphone portable sonne.	Suena el móvil.
croquant	crujiente
pain croquant/légumes croquants	pan crujiente, vegetale crujiente
os	hueso
compliment	cumplido
consulat	consulado
demander un visa au consulat	solicitar un visado en el consulado
Corée	corea
cumin	comino
environnement culturel, culture	círculo cultural
cumin	comino
duc	duque
lavande	lavanda
médecin privé	médico privado
passionné	apasionado
lentille	lenteja, lentilla
bistrot, petit restaurant	local, bar
estomac	estómago
magnésium	magnesio
amande	almendra
méditerranéen	mediterráneo
cuisine méditerranéenne	cocina mediterránea
farine	harina
mexicain	mejicano
café au lait	café con leche
milliard	mil millones
médiéval	medieval
chevalier médiéval	caballero medieval
matinal	matutino
l'effervescence matinale	ajetreo matutino
boisson matinale	bebida matutina
coquille, moule	mejillón
muesli	muesli
plat national	plato nacional
clou de girofle	clavel
éternuer	estornudar
nouille	fideo
jus de fruit	zumo de frutas

öfter	more often
orientalisch	oriental
das **Ostern**, -	Easter
der **Ostersonntag**, -e	Easter Sunday
die **Partyeinladung**, -en	party invitation
pausenlos	uninterrupted
pausenlos reden	to speak nonstop
die **Pfeife**, -n	pipe
die **Platte**, -n	plate
das **Putenfleisch**	turkey meat
das **Putengeschnetzelte**	turkey (cut into) strips
die **Regierungspolitik**	government policy
reichlich	abundant, copious
Kalzium ist im Käse reichlich vorhanden.	There is plenty of calcium in cheese.
reiten [er ritt, er ist geritten]	to ride
der **Restaurantbesuch**, -e	eating out
der **Restaurantführer**, -	restaurant guide
die **Restaurantkritik**, -en	restaurant critic
der **Rhythmus**, die Rhythmen	rhythm
der **Risotto**	risotto
der **Ritter**, -	knight
das **Rührei**, -er	crambled eggs
rühren [er rührte, er hat gerüht] + A	to stir sth
die Suppe rühren	to stir the soup
rustikal	rustic
der **Rutsch**, -e	slide
Einen guten Rutsch!	Happy New Year!
der **Safran**	saffron
der **Salbei**	sage
salzen [er salzte, er hat gesalzen] + A	to salt sth
das Essen salzen	to salt the food
das **Sättigungsgefühl**, -e	feeling of repletion/being full
Das Sättigungsgefühl stellt sich ein.	A feeling of repletion will be noticeable.
säuerlich	tartish, saurish
ein säuerlicher Geschmack	a tartish taste
schlau	sly, clever
Hinterher ist man immer schlauer.	One is always wiser after the event/fact. Hindsight is always 20/20.
der **Schluck**, -e	sip
einen Schluck Kaffee trinken	to take a sip of coffee
das **Schmuckstück**, -e	piece of jewellery
der **Schriftwechsel**, -	correspondence
der **Schulalltag**	everyday life in school
das **Schulkind**, -er	schoolchild, pupil
die **Schulleistung**, -en	school performance
der **Sekt**	champaign
der **Senf**, -e	mustard
der **Skifahrer**, -	skier (m)

plus souvent	más a menudo
oriental	oriental
Pâques	Semana Santa
dimanche de Pâques	domingo de Semana Santa
invitation à une fête	invitación a una fiesta
sans pause, sans interruption	sin pausa
parler sans interruption	hablar sin pausa
pipe	pipa
plat	plato
(viande de) dinde	carne de pavo
émincé de dinde	ragout, goulash, estofado de pavo
politique du gouvernement	política gubernamental
largement, abondamment	rico, en abundancia
Le fromage est riche en calcium.	El queso es rico en calcio.
venir (à cheval)	cabalgar
visite au restaurant	visita a restaurante
guide de restaurants	jefe de restaurante
critique de restaurant	crítica de restaurante
rythme	ritmo
risotto	risotto
chevalier	caballero, jinete
œuf brouillé	huevo escalfado
remuer qqch	remover
remuer la soupe	remover la sopa
rustique	rústico
glissement	patinazo
Bonne Année !	¡Feliz entrade de año!
safran	azafrán
sauge	salvia
saler qqch	salar
saler le plat	salar la comida
sensation de plénitude	estar saciado
La sensation de plénitude se manifeste.	Empiezo a estar saciado.
légèrement aigre	agrio
un goût légèrement aigre	sabor agrio
malin, rusé, dégourdi	astuto, avispado
Après le coup on est toujours plus malin.	Después uno es siempre más astuto.
gorgée	sorbo
boire une gorgée de café	beber un sorbo de café
bijou	joya
correspondance	correspondencia
vie quotidienne de l'école	vida cuotidiana escolar
écolier	escolar
performance scolaire	rendimiento escolar
champagne	cava
moutarde	mostaza
skieur	esquiador

die **Skifahrerin**, -nen	skier (f)
der **Snack**, -s	snack
sobald	as soon as
Ich mache das sobald wie möglich.	I'll do it as soon as possible.
der **Sonnenaufgang**, "e	sunrise
das **Souvenir**, -s	souvenir
sowie	as well as
der **Speck**	bacon
die **Speise**, -n	food
das **Spiegelei**, -er	fried egg
die **Stadtgeschichte**, -n	city history
der **Stadtrat**, "e	selectman, councilman
der **Steakesser**, -	steak eater
das **Tagesereignis**, -se	daily event
der **Terminplan**, "e	timetable, schedule
einen Terminplan erstellen	to make a timetable
der **Teufel**, -	devil
toi-toi-toi!	Go! Good luck!
das **Tonnengewölbe**, -	dome
die **Tortilla**, -s	tortilla
traumhaft	like a dream, magic, fantastic
traumhaftes Ambiente	a fantastic ambiance
trocknen [er trocknete, er hat getrocknet] + A	to dry sth
Salat trocknen	to dry the lettuce
der **Tropfen**, -	drop
das **Überessen**	overeating
das **Übergewicht**, -e	overweight
umrühren [er rührte um, er hat umgerührt] + A	to stir sth
die Suppe umrühren	to stir the soup
uneingeschränkt	unlimited, without restrictions
Das Menü ist sein Geld uneingeschränkt wert.	The menu is definitely worth its price.
ungewürzt	unseasoned
unkonzentriert	unfocused (person), non concentrated
unterkriegen [er kriegte unter, er hat untergekriegt] + A	to get down sth/sb
Lass dich nicht unterkriegen!	Keep your chin up!
der **Valentinstag**, -e	Valentine's day
verdanken [er verdankte, er hat verdankt] + D + A	to owe sth to sth/sb
die **Verpflegung**, -en	catering
der **Verzehr**	consumption
verzehren [er verzehrte, er hat verzehrt] + A	to consume, to eat sth
das Abendessen verzehren	to eat the dinner
die **Vitrine**, -n	vitrine, showcase
das **Volk**, "er	people, public, folk
die **Volkssage**, -n	folk tale
vollwertig	complete
ein vollwertiges Frühstück	a complete breakfast
vorangehen [er ging voran, er ist vorangegangen] mit + D	here: to set sth
mit gutem Beispiel vorangehen	to set a good example

skieuse	esquiadora
snack, collation	snack, aperitivo
aussitôt que, dès que	enseguida
Je le fais dès que possible.	Lo hago en cuanto sea posible.
lever du soleil	amanecer
souvenir	recuerdo
ainsi que, aussi bien que	como, así como
lard, lardon	beicon, manteca
repas, plat	plato
œuf sur le plat	huevo al plato
histoire de la ville	historia de la ciudad
conseiller municipal	consejo municipal
mangeur de bifteck	comedor de bistecs
événement du jour	suceso del día
agenda, emploi du temps	agenda
établir un emploi du temps	establecer una agenda
Diable	diablo
Bon courage ! Bonne chance !	¡Suerte!
voûte	techos abovedados
tortilla	tortilla
de rêve, magique	de ensueño
ambiance de rêve	ambiente de ensueño
sécher qqch	secar
sécher la laitue	secar la lechuga
goutte	gota
suralimentation	sobrealimentación
surpoids	sobrepoeso
brasser, remuer qqch	remover
remuer la soupe	remover la sopa
ici : absolument	sin límite, absolutamente
Le menu vaut absolument son prix.	El menú vale su precio completamente.
non épicé	sin condimentar
distrait	distraído
abattre qqn	abatir (a alguien)
Ne te laisse pas abattre !	¡No te dejes abatir!
Saint Valentin	Día de San Valentín
devoir qqch à qqch/qqn	agradecer
restauration, service traiteur	cátering, servicio
consommation	consumación
consommer qqch	consumir
consommer le dîner	consumir la cena
vitrine	vitrina
peuple	pueblo
légende populaire	leyenda popular
valable	valuoso
un petit déjeuner complet/adéquat	un desayuno completo
ici : prêcher par qqch	ir por delante
prêcher par l'exemple	dar ejemplo

der **Weinausschank**	wine kiosk, wine bar
die **Weinkarte**, -n	wine list
wenigstens	at least
wert sein	to be worth
Das Essen war sein Geld nicht wert.	The food was not worth its price.
der **Wolkenkratzer**, -	skyscraper
das **Zahlungsmittel**, -	currency
der **Zeichenlehrer**, -	art master
der **Zimt**	cinnamon
die **Zubereitungsdauer**	preparation time
das **Zusammenspiel**, -e	team play

▓ Kapitel 8: Teil B

▓ Chapter 8: Part B

abschmecken [er schmeckte ab, er hat abgeschmeckt] + A, mit + D	to season to taste
die Speise mit Salz und Pfeffer abschmecken	To season the food with salt and pepper
abstoßend	repulsive
die **Agave**, -n	agave
der **Agavensirup**	agave syrup
aufkochen [er kochte auf, er hat aufgekocht] + A	to boil up
die Milch aufkochen	to boil up the milk
aufschlagen [er schlägt auf, er schlug auf, er hat aufgeschlagen] + A	to whip sth
die Schokolade vor dem Servieren aufschlagen	to whip the chocolate before serving
aufschneiden [er schnitt auf, er hat aufgeschnitten] + A	to cut up, to slice sth
die **Auseinandersetzung**, -en	conflict
der **Azteke**, -n	Aztec
bezeichnen [er bezeichnete, er hat bezeichnet] + A als	to call, to name sth
Die Azteken bezeichneten die Schokolade als „cacahuatl".	The Aztecs called the chocolate "cacahuatl".
der **Bioladen**, ¨	health-food shop
bitter	bitter
die **Bitterschokolade**, -n	bitter chocolate
die **Blütezeit**, -en	bloom, period of prosperity
der **Cayennepfeffer**	cayenne pepper
der **Chili**	chilli
Christus	Christ
erfindungsreich	resourceful, innovative
erhältlich	available
Das Produkt ist im Bioladen erhältlich.	The product is available in health-food stores.
der **Eroberer**, -	conqueror
fasten [er fastete, er hat gefastet]	to fast
das **Fasten**	fasting
der **Fettanteil**, -e	fat content
flüssig	liquid
fruchtbar	fertile
eine fruchtbare Gegend	a fertile region

kiosque à vin	bar de vinos, vinoteca
carte des vins	carta de vinos
au moins	por lo menos
mériter, valoir qqch	merecer
La nourriture ne valait pas son prix.	La comida no merece el precio.
gratte-ciel	rascacielos
moyen de paiement	modo de pago
professeur de dessin	profesor de diseño
cannelle	canela
durée de la préparation	duración de preparación
coopération, jeu d'équipe	cooperación

▦ Chapitre 8 : Partie B

▦ Capítulo 8: Parte B

assaisonner qqch	condimentar algo con algo
assaisonner le plat avec du sel et du poivre	salpimentar la comida
répulsif	repulsivo
agave	agave
sirop d'agave	sirope de agave
bouillir qqch	hervir
bouillir le lait	hervir la leche
fouetter, battre qqch	batir (algo)
fouetter le chocolat avant de servir	batir el chocolate antes de servir
découper qqch	cortar, descabezar
polémique, conflit	polémica
Aztèque	azteca
désigner, appeler qqch	llamar, designar algo como
Les Aztèques ont appelé le chocolat « cacahuatl ».	Los Aztecas llamaban al chocolate «cacahuatl».
magasin bio	tienda de productos biolóficos
amer	amargo
chocolat amer	chocolate amargo
floraison	tiempo de floración
poivre de Cayenne	pimienta de Cayena
chili, piment	chile
Christ	Cristo
innovatif,créatif	innovativo, creativo
disponible, en vente	disponible
Le produit est en vente dans les magasins bio.	El producto está disponible en las tiendas bio.
conquérant	conquistador
jeûner	ayunar
jeûne, carême	ayuno
pourcentage de matière grasse	parte de materia grasa
liquide	fluido, líquido
fertile, fécond	fértil
région fertile	una región fértil

der **Fruchtgummi**, -s	fruit gums
das **Gefäß**, -e	vessel, pot, container
geprägt	pressed, stamped
katholisch geprägte Länder	catholically-oriented/influenced countries
geschmolzen	melted
geschmolzene Kakaobutter	melted cocoa butter
das **Gold**	gold
die **Golfküste**, -n	golf coast
die **Grabstätte**, -n	gravesite
das **Grundnahrungsmittel**, -	staple food
die **Handarbeit**, -en	handwork, manual labour
herausnehmen [er nimmt heraus, er nahm heraus, er hat herausgenommen] + A	to take out sth
die Vanilleschote herausnehmen	to take out the vanilla shot
die **Hieroglyphe**, -n	hieroglyph
die **Hochzeitsfeier**, -n	wedding ceremony
hydraulisch	hydraulic
eine hydraulische Presse	a hydraulic press
der **Kakaoanteil**	cocoa content
der **Kakaobaum**, ⸚e	cacao (tree)
die **Kakaobutter**	cocoa butter
die **Kakaopflanze**, -n	cacao (plant)
das **Kakaopulver**, -	cocoa powder
die **Kalorie**, -n	calorie
katholisch	catholic
der **Keks**, -e	cookie, cracker
kochend	boiling
kochendes Wasser	boiling water
das **Koffein**	caffeine
die **Lakritze**, -n	liquorice
die **Leckerei**, -en	treat
der **Maya**, -s	Maya
die **Messerspitze**, -n	knife point
der/das **Milliliter**, -	millilitre
mindestens	minimum, at least
die **Mischung**, -en	mixture
der **Olmeke**, -n	Olmec
die **Presse**, -n	press
der **Pürierstab**, ⸚e	hand(-held) blender
der **Rohrzucker**	crude sugar
der **Schaum**	foam, froth, mousse
schaumig	foamy, frothy, fluffy
die **Schokoladenfabrik**, -en	chocolate factory
die **Schokoladenherstellung**	chocolate fabrication, manufacture
die **Schokoladenmanufaktur**, -en	chocolate manufacture
die **Schokoladenproduktion**	chocolate production
das **Schokoladenpulver**, -	chocolate powder
die **Schokoladensorte**, -n	kind of chocolate

bonbons aux fruits gélifiés	gominolas de frutas
récipient	recipiente
gravé, empreint	impregnado
des pays catholiques	países de impronta católica
fondu	fundido
beurre de cacao fondu	mantequilla de cacao fundido
or	oro
côte du golfe	costa del golfo
tombeau	tumba
aliment de base	alimento básico
travail manuel	trabajo manual
sortir qqch	extraer
sortir la gousse de vanille	extraer la vaina de la vainilla
hiéroglyphe	jeroglífico
cérémonie de mariage	ceremona de boda
hydraulique	hidráulico
la presse hydraulique	prensa hidráulica
pourcentage de cacao	parte en cacao
cacaotier	árbol de cacao
beurre de cacao	mantequilla de cacao
plante du cacao	planta de cacao
cacao en poudre	polvo de cacao
calorie	caloría
catholique	católico
biscuit	galleta
bouillant	hirviente
eau bouillante	agua hirviente
caféine	cafeína
réglisse	regaliz
friandise, gourmandise	delicatessen
Maya	Maya
pointe de couteau	punta del cuchillo
millilitre	mililitro
au moins	por lo menos
mélange	mezcla
Olmèque	Olmeca
presse	prensa
mixeur	mezclador de pie (minipimer)
cassonade	azúcar de caña
mousse, écume	espuma
écumeux	espumoso
fabrique de chocolat	fábrica de chocolate
fabrication de chocolat	fabricación de chocolate
manufacture de chocolat	manufactura de chocolate
production de chocolat	producción de chocolate
poudre de chocolat	chocolate en polvo
sorte de chocolat	tipo de chocolate

der **Schokoriegel**, -	chocolate bar
die **Schote**, -n	shot
der **Schraubdeckel**, -	screw cap
das **Schriftzeichen**, -	character
der **Sirup**, -e	syrup
der **Stellenwert**, -e	value, significance
einen hohen/niedrigen Stellenwert haben	to rank high/low
der **Stoff**, -e	material, fabric
süchtig nach + D	addicted to sth
süßen [er süßte, er hat gesüßt] + A	to sweeten sth
ein Getränk mit Zucker süßen	to sweeten a beverage with sugar
die **Tafelschokolade**, -n	barred chocolate
der **Teelöffel**, -	teaspoon
das **Theobromin**	theobromine
das **Tiefland**	lowland
übergießen [er übergoss, er hat übergossen] + A, mit + D	to pour sth to sth, to add sth to sth
die Schokolade mit kochendem Wasser übergießen	to add boiling water to the chocolate
üblicherweise	usually
uneinig über + A	in disagreement
die **Vanilleschote**, -n	vanilla shot
die **Verlobung**, -en	engagement
die **Verlobungsfeier**, -n	engagement ceremony
vermehren [er vermehrte, er hat vermehrt] + A	to reproduce, to multiply sth
verrühren [er verrührte, er verrührte] + A, mit + D	to mix sth
die Schokolade mit Vanille verrühren	to mix the chocolate with vanilla
versüßen [er versüßte, er hat versüßt] + A	to sweeten sth
eine Speise mit Zucker versüßen	to sweeten with sugar
wiederum	again
das **Zeitalter**, -	age, era
ziehen lassen [er ließ ziehen, er hat ziehen lassen] + A	to steep sth
die Milch mit der Vanilleschote 10 Minuten lang ziehen lassen	steep the vanilla bean for 10 minutes in milk
zivilisiert	civilized
das erste zivilisierte Volk	the first civilized nation/people
züchten [er züchtete, er hat gezüchtet] + A	to grow, to breed sth
Tiere züchten	to breed animals

barre chocolatée	barra de chocolate
gousse	vaina
couvercle à vis	tapón a rosca
caractère	carácter
sirop	jarabe
importance, valeur	valor
avoir une grande/faible importance	tener una gran / poca importancia
matière	materia
accro à qqch, dépendant de qqch	añelante a, dependiente
sucrer, édulcorer qqch	edulcorar
édulcorer une boisson avec du sucre	edulcorar una bebida con azúcar
chocolat en tablette	chocolate en tableta
cuillère à café	cucharilla de café
théobromine	teobromina
bas pays	país profundo
arroser qqch avec qqch, verser qqch sur qqch	regar con
verser de l'eau bouillante sur le chocolat	echar el agua hirviente sobre el chocolate
habituellement	habitualmente
en désaccord sur qqch	en desacuerdo con Algo
gousse de vanille	vaina de vainilla
fiançailles	petición de mano
cérémonie de fiançailles	fiesta de esponsales
multiplier, accroître	multiplicar
mélanger qqch avec qqch	mezclar algo con algo
mélanger le chocolat avec la vanille	mezclar el chocolate con la vainilla
sucrer, édulcorer qqch	endulzar
édulcorer un plat avec du sucre	endulzar un plato con azúcar
de nouveau	de nuevo
époque	época
laisser infuser qqch	dejar reposar
laisser infuser le lait avec la vanille pendant 10 minutes	dejar reposar la leche con la vainilla
civilisé	civilizado
le premier peuple civilisé	el primer pueblo civilizado
cultiver, élever qqch	cultivar, criar
élever des animaux	criar animales